행복을 부르는
법화경 사경 6

행복을 부르는 법화경 사경 6

혜조 惠照 譯

운주사

| 묘법연화경 제一권 | 제1 서품 | 9 |
| | 제2 방편품 | 111 |

| 묘법연화경 제二권 | 제3 비유품 | 7 |
| | 제4 신해품 | 170 |

묘법연화경 제三권	제5 약초유품	7
	제6 수기품	49
	제7 화성유품	95

묘법연화경 제四권	제8 오백제자수기품	7
	제9 수학무학인기품	64
	제10 법사품	95
	제11 견보탑품	148
	제12 제바달다품	213
	제13 권지품	256

묘법연화경 제五권	제14 안락행품	7
	제15 종지용출품	87
	제16 여래수량품	155
	제17 분별공덕품	205

묘법연화경 제六권	제18 수희공덕품	7
	제19 법사공덕품	39
	제20 상불경보살품	113
	제21 여래신력품	150
	제22 촉루품	178
	제23 약왕보살본사품	190

묘법연화경 제七권	제24 묘음보살품	7
	제25 관세음보살보문품	58
	제26 다라니품	108
	제27 묘장엄왕본사품	139
	제28 보현보살권발품	181

제	십	팔		수	희	공	덕	품
第	十	八		隨	喜	功	德	品
차례 제	열 십	여덟 팔		따를 수	기쁠 희	공 공	덕 덕	가지 품

이	시		미	륵	보	살	마	하	살
爾	時		彌	勒	菩	薩	摩	訶	薩
그 이	때 시		두루찰 미	굴레 륵	보리 보	보살 살	갈 마	꾸짖을 가(하)	보살 살

백	불	언		세	존		약	유	선
白	佛	言		世	尊		若	有	善
사뢸 백	부처 불	말씀 언		세상 세	높을 존		만약 약	있을 유	착할 선

남	자	선	여	인		문	시	법	화
男	子	善	女	人		聞	是	法	華
사내 남	아들 자	착할 선	여자 여	사람 인		들을 문	이 시	법 법	꽃 화

경		수	희	자		득	기	소	복
經		隨	喜	者		得	幾	所	福
경 경		따를 수	기쁠 희	놈 자		얻을 득	몇 기	바 소	복 복

제18 수희공덕품

그때 미륵 보살마하살이 부처님께 사뢰었다.
"세존이시여! 만약 어떤 선남자 선여인이 법화경을 듣고
따라 기뻐한다면 얼마나 되는 복을 얻겠습니까?"

이	설	게	언		세	존	멸	도	후
而	說	偈	言		世	尊	滅	度	後
말이을이	말씀설	게송게	말씀언		세상세	높을존	멸할멸	건널도	뒤후

기	유	문	시	경		약	능	수	희
其	有	聞	是	經		若	能	隨	喜
그기	있을유	들을문	이시	경경		만약약	능할능	따를수	기쁠희

자		위	득	기	소	복		이	시
者		爲	得	幾	所	福		爾	時
놈자		할위	얻을득	몇기	바소	복복		그이	때시

불	고	미	륵	보	살	마	하	살	
佛	告	彌	勒	菩	薩	摩	訶	薩	
부처불	알릴고	두루찰미	굴레륵	보리보	보살살	갈마	꾸짖을가(하)	보살살	

아	일	다		여	래	멸	후		약
阿	逸	多		如	來	滅	後		若
언덕아	편안할일	많을다		같을여	올래	멸할멸	뒤후		만약약

이윽고 미륵보살이 게송으로 사뢰었다.
　　　세존께서 열반하신 후 이 경을 듣고서
　　　능히 따라 기뻐하는 자는 복을 얼마나 얻겠나이까?
그때 부처님께서 미륵 보살마하살에게 이르시었다. "아일다보살이여! 여래가 열반한 뒤에

비	구	비	구	니		우	바	새	우
比	丘	比	丘	尼		優	婆	塞	優
견줄비	언덕구	견줄비	언덕구	여승니		넉넉할우	할미 파(바)	변방새	넉넉할우

바	이		급	여	지	자		약	장
婆	夷		及	餘	智	者		若	長
할미 파(바)	오랑캐이		및 급	남을여	슬기지	놈자		만약약	어른장

약	유		문	시	경	수	희	이
若	幼		聞	是	經	隨	喜	已
만약약	어릴유		들을문	이시	경경	따를수	기쁠희	어조사이

종	법	회	출		지	어	여	처
從	法	會	出		至	於	餘	處
좇을종	법법	모임회	날출		이를지	어조사어	남을여	곳처

약	재	승	방		약	공	한	지
若	在	僧	坊		若	空	閑	地
만약약	있을재	중승	절방		만약약	빌공	한가할한	땅지

만약 비구·비구니·우바새·우바이와 또 지혜로운 다른 사람들이
어른이든 아이든 이 경을 듣고서 따라 기뻐한다고 하자.
그들이 법회를 마치고 정사나 한적한 곳

약	성	읍	항	맥		취	락	전	리
若	城	邑	巷	陌		聚	落	田	里
만약 약	성 성	고을 읍	거리 항	거리 맥		마을 취	촌락 락	밭 전	마을 리

여	기	소	문		위	부	모	종	친
如	其	所	聞		爲	父	母	宗	親
같을 여	그 기	바 소	들을 문		위할 위	아비 부	어미 모	일가 종	친할 친

선	우	지	식		수	력	연	설	
善	友	知	識		隨	力	演	說	
착할 선	벗 우	알 지	알 식		따를 수	힘 력	펼 연	말씀 설	

시	제	인	등		문	이	수	희	
是	諸	人	等		聞	已	隨	喜	
이 시	모든 제	사람 인	무리 등		들을 문	마칠 이	따를 수	기쁠 희	

부	행	전	교		여	인	문	이	
復	行	轉	敎		餘	人	聞	已	
다시 부	갈 행	구를 전	가르칠 교		남을 여	사람 인	들을 문	마칠 이	

> 혹은 도시나 저잣거리 아니면 변두리 마을이나 농촌 같은 다른 데로 가서,
> 자신이 들은 대로 부모나 친척이나 친구 혹은 그냥 아는 사람을 위해
> 자기가 할 수 있는 능력껏 설명해 주었다고 하자. 그 여러 사람들이 듣고 나서
> 따라 기뻐하며 그 내용을 다른 사람에게 전해주고, 다른 사람도 듣고 나서

역	수	희	전	교		여	시	전	전
亦	隨	喜	轉	敎		如	是	展	轉
또 역	따를 수	기쁠 희	구를 전	가르칠 교		같을 여	이 시	펼 전	구를 전

지	제	오	십		아	일	다		기
至	第	五	十		阿	逸	多		其
이를 지	차례 제	다섯 오	열 십		언덕 아	편안할 일	많을 다		그 기

제	오	십		선	남	자	선	여	인
第	五	十		善	男	子	善	女	人
차례 제	다섯 오	열 십		착할 선	사내 남	아들 자	착할 선	여자 여	사람 인

수	희	공	덕		아	금	설	지
隨	喜	功	德		我	今	說	之
따를 수	기쁠 희	공 공	덕 덕		나 아	이제 금	말씀 설	어조사 지

여	당	선	청		약	사	백	만	억
汝	當	善	聽		若	四	百	萬	億
너 여	마땅히 당	착할 선	들을 청		만약 약	넉 사	일백 백	일만 만	억 억

따라 기뻐하며 또 다른 이에게 전해주었다고 하자.
이렇게 거듭 전해져서 오십 번째 사람에게까지 전해졌다면,
아일다보살이여! 그 오십 번째 선남자 선여인이 따라 기뻐한 공덕에 대하여
내 이제 말하리니, 마땅히 잘 들으라. 예를 들어 사백만억

아	승	기	세	계		육	취	사	생
阿	僧	祇	世	界		六	趣	四	生
언덕 아	중 승	토지신 기	세상 세	지경 계		여섯 육	향할 취	넉 사	날 생

중	생		난	생	태	생		습	생
衆	生		卵	生	胎	生		濕	生
무리 중	날 생		알 난	날 생	태 태	날 생		축축할 습	날 생

화	생		약	유	형	무	형		유
化	生		若	有	形	無	形		有
화할 화	날 생		만약 약	있을 유	모양 형	없을 무	모양 형		있을 유

상	무	상		비	유	상	비	무	상
想	無	想		非	有	想	非	無	想
생각 상	없을 무	생각 상		아닐 비	있을 유	생각 상	아닐 비	없을 무	생각 상

무	족	이	족		사	족	다	족
無	足	二	足		四	足	多	足
없을 무	발 족	두 이	발 족		넉 사	발 족	많을 다	발 족

아승기 세계에 있는 여섯 갈래의 사생 중생들, 곧 난생·태생·습생·화생으로 태어나는 것에는
형상이 있는 존재·형상이 없는 존재·생각이 있는 존재·생각이 없는 존재·
생각이 있다고 할 수 없는 존재·생각이 없다고도 할 수 없는 존재·
발 없이 기어 다니는 존재·두 발로 걷는 존재·네 발 달린 존재·발이 많이 달린 존재 등

여	시	등		재	중	생	수	자
如	是	等		在	衆	生	數	者
같을 여	이 시	무리 등		있을 재	무리 중	날 생	셀 수	놈 자

유	인	구	복		수	기	소	욕
有	人	求	福		隨	其	所	欲
있을 유	사람 인	구할 구	복 복		따를 수	그 기	바 소	하고자할 욕

오	락	지	구		개	급	여	지
娛	樂	之	具		皆	給	與	之
즐거워할 오	즐길 락	어조사 지	갖출 구		다 개	줄 급	줄 여	어조사 지

일	일	중	생		여	만	염	부	제
一	一	衆	生		與	滿	閻	浮	提
한 일	한 일	무리 중	날 생		줄 여	찰 만	마을 염	뜰 부	끌 제

금	은	유	리		자	거	마	노
金	銀	琉	璃		硨	磲	碼	瑙
쇠 금	은 은	유리 유	유리 리		옥돌 자	옥돌 거	마노 마	마노 노

이처럼 수많은 형태의 중생들이 있느니라.
그런데 어떤 사람이 복을 구하려고
중생들이 좋아하는 물건들을 원하는 대로 나누어주었다고 하자.
이를테면 각 중생들에게 금·은·유리·자거·마노·

산	호	호	박		제	묘	진	보	
珊	瑚	琥	珀		諸	妙	珍	寶	
산호 산	산호 호	호박 호	호박 박		모든 제	묘할 묘	보배 진	보배 보	

급	상	마	거	승	칠	보	소	성
及	象	馬	車	乘	七	寶	所	成
및 급	코끼리 상	말 마	수레 거	탈 승	일곱 칠	보배 보	바 소	이룰 성

궁	전	누	각	등	시	대	시	주
宮	殿	樓	閣	等	是	大	施	主
집 궁	궁전 전	다락 누	문설주 각	무리 등	이 시	큰 대	베풀 시	주인 주

여	시	보	시		만	팔	십	년	이
如	是	布	施		滿	八	十	年	已
같을 여	이 시	베풀 포(보)	베풀 시		찰 만	여덟 팔	열 십	해 년	마칠 이

이	작	시	념		아	이	시	중	생
而	作	是	念		我	已	施	衆	生
말이을 이	지을 작	이 시	생각 념		나 아	이미 이	베풀 시	무리 중	날 생

산호·호박 등 여러 가지 진귀한 보배들과 코끼리와 말이 끄는 수레 혹은
칠보로 지은 궁전과 누각 따위를 염부제가 가득 찰 만큼씩 전부 나누어주었다고 하자.
그러던 어느 날 큰 시주자가 꼬박 팔십 년간을
이렇게 보시하고 나서 생각하기를, '내 이미 중생들이

오	락	지	구		수	의	소	욕
娛	樂	之	具		隨	意	所	欲
즐거워할오	즐길 락	어조사 지	갖출 구		따를 수	뜻 의	바 소	하고자할욕

연	차	중	생		개	이	쇠	로
然	此	衆	生		皆	已	衰	老
그러할 연	이 차	무리 중	날 생		다 개	이미 이	쇠할 쇠	늙을 로

연	과	팔	십		발	백	면	추
年	過	八	十		髮	白	面	皺
해 연	지날 과	여덟 팔	열 십		터럭 발	흰 백	낯 면	주름 추

장	사	불	구		아	당	이	불	법
將	死	不	久		我	當	以	佛	法
장차 장	죽을 사	아닐 불	오랠 구		나 아	마땅히 당	써 이	부처 불	법 법

이	훈	도	지		즉	집	차	중	생
而	訓	導	之		即	集	此	衆	生
말이을 이	가르칠 훈	이끌 도	어조사 지		곧 즉	모을 집	이 차	무리 중	날 생

바라는 물건들을 원하는 대로 실컷 나눠주었도다. 그런데 중생들이 벌써 다 늙어서
나이는 팔십이 넘었고 백발이 성성한 데다 얼굴까지 쭈글쭈글해졌으니,
장차 죽을 날이 머지않았도다. 이제 더 늦기 전에 내 마땅히 불법으로써
이들을 가르쳐 인도해야겠다!' 이윽고 중생들을 전부 모이게 해서

선	포	법	화		시	교	리	희
宣	布	法	化		示	教	利	喜
베풀 선	베풀 포	법 법	화할 화		보일 시	가르칠 교	이로울 리	기쁠 희

일	시		개	득	수	다	원	도
一	時		皆	得	須	陀	洹	道
한 일	때 시		다 개	얻을 득	모름지기 수	비탈질 타(다)	강이름 원	길 도

사	다	함	도		아	나	함	도
斯	陀	含	道		阿	那	含	道
이 사	비탈질 타(다)	머금을 함	길 도		언덕 아	어찌 나	머금을 함	길 도

아	라	한	도		진	제	유	루
阿	羅	漢	道		盡	諸	有	漏
언덕 아	새그물 라	한수 한	길 도		다할 진	모든 제	있을 유	샐 루

어	심	선	정		개	득	자	재
於	深	禪	定		皆	得	自	在
어조사 어	깊을 심	고요할 선	선정 정		다 개	얻을 득	스스로 자	있을 재

불법을 선포하여 보여주고 가르쳐서 이롭고 기쁘게 하였다고 하자.
그래서 일시에 수다원도·사다함도·아나함도·
아라한도를 얻어 온갖 번뇌를 다하게 되었고,
깊은 선정에 자유자재로 들어

구	팔	해	탈		어	여	의	운	하
具	八	解	脫		於	汝	意	云	何
갖출 구	여덟 팔	풀 해	벗을 탈		어조사 어	너 여	뜻 의	이를 운	어찌 하

시	대	시	주		소	득	공	덕
是	大	施	主		所	得	功	德
이 시	큰 대	베풀 시	주인 주		바 소	얻을 득	공 공	덕 덕

영	위	다	부		미	륵	백	불	언
寧	爲	多	不		彌	勒	白	佛	言
어찌 영	할 위	많을 다	아닐 부		두루찰 미	굴레 륵	사뢸 백	부처 불	말씀 언

세	존		시	인	공	덕		심	다
世	尊		是	人	功	德		甚	多
세상 세	높을 존		이 시	사람 인	공 공	덕 덕		심할 심	많을 다

무	량	무	변		약	시	시	주
無	量	無	邊		若	是	施	主
없을 무	헤아릴 량	없을 무	가 변		만약 약	이 시	베풀 시	주인 주

팔해탈까지 갖추게 되었다고 하자. 그렇다면 그대는 어떻게 생각하는가?
그 큰 시주자는 얼마나 많은 공덕을 얻겠느냐?"
미륵보살이 부처님께 사뢰었다.
"세존이시여, 그 사람의 공덕은 너무 많아서 한량없고 끝이 없겠나이다. 그 시주자가

단	시	중	생		일	체	악	구
但	施	衆	生		一	切	樂	具
다만단	베풀 시	무리 중	날 생		한 일	모두 체	풍류 악	갖출 구

공	덕	무	량		하	황	영	득
功	德	無	量		何	況	令	得
공 공	덕 덕	없을 무	헤아릴 량		어찌 하	하물며 황	하여금 영	얻을 득

아	라	한	과		불	고	미	륵
阿	羅	漢	果		佛	告	彌	勒
언덕 아	새그물 라	한수 한	실과 과		부처 불	알릴 고	두루찰 미	굴레 륵

아	금		분	명	어	여		시	인
我	今		分	明	語	汝		是	人
나 아	이제 금		나눌 분	밝을 명	말씀 어	너 여		이 시	사람 인

이	일	체	악	구		시	어	사	백
以	一	切	樂	具		施	於	四	百
써 이	한 일	모두 체	풍류 악	갖출 구		베풀 시	어조사 어	넉 사	일백 백

단지 중생들에게 그들이 바라는 물건들을 보시한 것만 치더라도 그 공덕은 한량없을 것입니다.
그런데 하물며 중생들로 하여금 아라한과까지 얻게 했으니, 그거야말로 더 말할 나위가 있겠습니까!"
부처님께서 미륵보살에게 이르시었다.
"내 이제 분명히 그대에게 사실대로 말하리라. 그 사람이 중생들이 좋아하는 온갖 물품들로써

만	억		아	승	기	세	계		육
萬	億		阿	僧	祇	世	界		六
일만만	억억		언덕아	중승	토지신기	세상세	지경계		여섯육

취	중	생		우	영	득	아	라	한
趣	衆	生		又	令	得	阿	羅	漢
향할취	무리중	날생		또우	하여금영	얻을득	언덕아	새그물라	한수한

과		소	득	공	덕		불	여	시
果		所	得	功	德		不	如	是
실과과		바소	얻을득	공공	덕덕		아닐불	같을여	이시

제	오	십	인		문	법	화	경	일
第	五	十	人		聞	法	華	經	一
차례제	다섯오	열십	사람인		들을문	법법	꽃화	경경	한일

게		수	희	공	덕		백	분	천
偈		隨	喜	功	德		百	分	千
게송게		따를수	기쁠희	공공	덕덕		일백백	나눌분	일천천

사백만억 아승기 수많은 세계의 모든 여섯 갈래 중생들에게
보시하고 아라한과를 얻게 한 공덕은
저 오십 번째 사람이 법화경의 한 게송을 듣고
따라 기뻐한 공덕에는 턱없이 미치지 못하느니라.

분		백	천	만	억	분		불	급
分		百	千	萬	億	分		不	及
나눌 분		일백 백	일천 천	일만 만	억 억	나눌 분		아닐 불	미칠 급

기	일		내	지	산	수	비	유
其	一		乃	至	算	數	譬	喩
그 기	한 일		이에 내	이를 지	셀 산	셀 수	비유할 비	비유할 유

소	불	능	지		아	일	다		여
所	不	能	知		阿	逸	多		如
바 소	아닐 불	능할 능	알 지		언덕 아	편안할 일	많을 다		같을 여

시	제	오	십	인		전	전	문	법
是	第	五	十	人		展	轉	聞	法
이 시	차례 제	다섯 오	열 십	사람 인		펼 전	구를 전	들을 문	법 법

화	경		수	희	공	덕		상	무
華	經		隨	喜	功	德		尙	無
꽃 화	경 경		따를 수	기쁠 희	공 공	덕 덕		오히려 상	없을 무

그래서 백분의 일·천분의 일·백천만억분의 일에도 해당되지 못할 뿐더러,
심지어 어떤 숫자나 비유로도 비교가 안 되느니라.
아일다보살이여! 이와 같이 오십 번째 사람이
여러 사람을 통해 들은 법화경 얘기를 듣고서 따라 기뻐한 공덕만 해도

량	무	변		아	승	기		하	황
量	無	邊		阿	僧	祇		何	況
헤아릴 량	없을 무	가 변		언덕 아	중 승	토지신 기		어찌 하	하물며 황

최	초	어	회	중		문	이	수	희
最	初	於	會	中		聞	而	隨	喜
가장 최	처음 초	어조사 어	모임 회	가운데 중		들을 문	말이을 이	따를 수	기쁠 희

자		기	복	부	승		무	량	무
者		其	福	復	勝		無	量	無
놈 자		그 기	복 복	다시 부	수승할 승		없을 무	헤아릴 량	없을 무

변		아	승	기		불	가	득	비
邊		阿	僧	祇		不	可	得	比
가 변		언덕 아	중 승	토지신 기		아닐 불	가히 가	얻을 득	견줄 비

우	아	일	다		약	인		위	시
又	阿	逸	多		若	人		爲	是
또 우	언덕 아	편안할 일	많을 다		만약 약	사람 인		위할 위	이 시

무량무변한 아승기의 한량없는 공덕이 있거늘, 하물며 맨 처음 법회 장소에서
가르침을 듣고 따라 기뻐한 사람의 공덕이야 오죽 많겠느냐!
그 사람의 복덕은 더욱 수승해서 무량무변한 아승기의 숫자로도 견줄 수 없느니라.
또 아일다보살이여! 어떤 사람이

경 經	고 故		왕 往	예 詣	승 僧	방 坊		약 若	좌 坐
경경	연고고		갈왕	이를예	중승	절방		만약약	앉을좌
약 若	립 立		수 須	유 臾	청 聽	수 受		연 緣	시 是
만약약	설립		잠깐수	잠깐유	들을청	받을수		인연연	이시
공 功	덕 德		전 轉	신 身	소 所	생 生		득 得	호 好
공공	덕덕		구를전	몸신	바소	날생		얻을득	좋을호
상 上	묘 妙		상 象	마 馬	거 車	승 乘		진 珍	보 寶
좋을상	묘할묘		코끼리상	말마	수레거	탈승		보배진	보배보
연 輦	여 輿		급 及	승 乘	천 天	궁 宮		약 若	부 復
손수레연	수레여		및급	탈승	하늘천	집궁		만약약	다시부

법화경을 듣기 위해 정사로 가서 앉거나 선 채로
잠시 동안만 법문을 들었다 하더라도,
그 덕분에 다시 태어날 적에는 훌륭한 코끼리와 말이 끄는 수레
혹은 진귀한 보배로 꾸민 가마를 타고 하늘궁전에 오르리라.

유	인		어	강	법	처	좌		갱
有	人		於	講	法	處	坐		更
있을 유	사람 인		어조사 어	강론할 강	법 법	곳 처	앉을 좌		다시 갱

유	인	래		권	령	좌	청		약
有	人	來		勸	令	坐	聽		若
있을 유	사람 인	올 래		권할 권	하여금 령	앉을 좌	들을 청		만약 약

분	좌	령	좌		시	인	공	덕
分	座	令	坐		是	人	功	德
나눌 분	자리 좌	하여금 령	앉을 좌		이 시	사람 인	공 공	덕 덕

전	신		득	제	석	좌	처		약
轉	身		得	帝	釋	坐	處		若
구를 전	몸 신		얻을 득	임금 제	풀 석	앉을 좌	곳 처		만약 약

범	왕	좌	처		약	전	륜	성	왕
梵	王	坐	處		若	轉	輪	聖	王
하늘 범	임금 왕	앉을 좌	곳 처		만약 약	구를 전	바퀴 륜	성인 성	임금 왕

또 어떤 사람이 법화경 강의하는 곳에서 앉아 듣고 있다가
다른 사람이 오니까 앉도록 권하되 자기 자리를 나누어
같이 앉아 듣게 했다면, 그 사람은 그 공덕으로
다음 세상에서 제석천왕이나 범천왕 혹은 전륜성왕의

소	좌	지	처		아	일	다		약
所	坐	之	處		阿	逸	多		若
바 소	앉을 좌	어조사 지	곳 처		언덕 아	편안할 일	많을 다		만약 약

부	유	인		어	여	인	언		유
復	有	人		語	餘	人	言		有
다시 부	있을 유	사람 인		말씀 어	남을 여	사람 인	말씀 언		있을 유

경	명	법	화		가	공	왕	청	
經	名	法	華		可	共	往	聽	
경 경	이름 명	법 법	꽃 화		가히 가	함께 공	갈 왕	들을 청	

즉	수	기	교		내	지	수	유	간
卽	受	其	敎		乃	至	須	臾	間
곧 즉	받을 수	그 기	가르침 교		이에 내	이를 지	잠깐 수	잠깐 유	사이 간

문		시	인	공	덕		전	신	
聞		是	人	功	德		轉	身	
들을 문		이 시	사람 인	공 공	덕 덕		구를 전	몸 신	

자리에 앉게 되리라. 아일다보살이여! 또 어떤 사람이 다른 이에게 말하기를,
'저기 법화경을 설한다는데, 같이 가서 듣지 않을래요?'
그 사람이 그 말을 듣고 따라가서 아주 잠깐만 듣더라도,
처음에 권유한 사람은 그 공덕으로 다음 세상에서

득	여	다	라	니	보	살		공	생
得	與	陀	羅	尼	菩	薩		共	生
얻을 득	더불어 여	비탈질 타(다)	새그물 라	여승 니	보리 보	보살 살		함께 공	날 생

일	처		이	근	지	혜		백	천
一	處		利	根	智	慧		百	千
한 일	곳 처		날카로울 이	뿌리 근	슬기 지	지혜 혜		일백 백	일천 천

만	세		종	불	음	아		구	기
萬	世		終	不	瘖	瘂		口	氣
일만 만	세상 세		마침내 종	아닐 불	벙어리 음	벙어리 아		입 구	기운 기

불	취		설	상	무	병		구	역
不	臭		舌	常	無	病		口	亦
아닐 불	냄새 취		혀 설	항상 상	없을 무	병들 병		입 구	또 역

무	병		치	불	구	흑		불	황
無	病		齒	不	垢	黑		不	黃
없을 무	병들 병		이 치	아닐 불	때 구	검을 흑		아닐 불	누를 황

다라니 얻은 수승한 보살들과 더불어 한 곳에 태어나리라. 뿐만 아니라 근기가 날카롭고
총명하며 지혜로운 데다 백천만 번 태어나도 결코 벙어리가 되지 않으리라.
또한 입에서 냄새가 나지 않고 혀나 입에 항상 병이 없으며,
때가 끼어 치아가 검게 변한다거나 누렇게 되지 않으리라.

불	소		역	불	결	락		불	차
不	疎		亦	不	缺	落		不	差
아닐 불	성글 소		또 역	아닐 불	이지러질 결	떨어질 락		아닐 불	어긋날 차

불	곡		순	불	하	수		역	불
不	曲		脣	不	下	垂		亦	不
아닐 불	굽을 곡		입술 순	아닐 불	아래 하	드리울 수		또 역	아닐 불

건	축		불	추	삽		불	창	진
褰	縮		不	麤	澁		不	瘡	胗
줄어질 건	줄어들 축		아닐 불	거칠 추	떫을 삽		아닐 불	부스럼 창	입술 틀 진

역	불	결	괴		역	불	와	사	
亦	不	缺	壞		亦	不	喎	斜	
또 역	아닐 불	이지러질 결	무너질 괴		또 역	아닐 불	입비뚤어질 와	비낄 사	

불	후	부	대		역	불	리	흑	
不	厚	不	大		亦	不	黧	黑	
아닐 불	두터울 후	아닐 부	큰 대		또 역	아닐 불	검을 리	검을 흑	

> 더욱이 치아 사이가 벌어진다거나 빠진 것이 없음은 물론이고, 삐뚤빼뚤 나거나
> 안으로 굽지도 않으리라. 입술은 아래로 쳐지거나 말려 올라가지 않고,
> 부르트거나 부스럼 나지 않으며, 또한 언청이거나 삐뚤어지지 않으리라.
> 게다가 입술이 너무 두껍지도 않고 크지도 않으며, 시퍼렇게 죽지 않아서

무	제	가	악		비	불	변	제	
無	諸	可	惡		鼻	不	匾	㿩	
없을 무	모든 제	가히 가	악할 악		코 비	아닐 불	얇을 편(변)	얇을 체(제)	

역	불	곡	려		면	색	불	흑	
亦	不	曲	戾		面	色	不	黑	
또 역	아닐 불	굽을 곡	어그러질 려		낯 면	빛 색	아닐 불	검을 흑	

역	불	협	장		역	불	와	곡	
亦	不	狹	長		亦	不	窊	曲	
또 역	아닐 불	좁을 협	길 장		또 역	아닐 불	우묵할 와	굽을 곡	

무	유	일	체		불	가	희	상	
無	有	一	切		不	可	喜	相	
없을 무	있을 유	한 일	모두 체		아닐 불	가히 가	기쁠 희	모양 상	

순	설	아	치		실	개	엄	호	
脣	舌	牙	齒		悉	皆	嚴	好	
입술 순	혀 설	어금니 아	이 치		다 실	다 개	엄할 엄	좋을 호	

보기 싫은 모양이 하나도 없으리라. 코는 납작하지도 구부러지지도 않고,
얼굴빛도 거무스레하지 않으리라. 얼굴이 좁고 길기만 하거나
또 움푹 패이거나 일그러지지 않아서 못생긴 구석이 한 군데도 없으리라.
입술·혀·치아가 다 보기 좋으며,

비	수	고	직		면	모	원	만	
鼻	修	高	直		面	貌	圓	滿	
코 비	길 수	높을 고	곧을 직		낯 면	얼굴 모	둥글 원	찰 만	

미	고	이	장		액	광	평	정	
眉	高	而	長		額	廣	平	正	
눈썹 미	높을 고	말이을 이	길 장		이마 액	넓을 광	평평할 평	바를 정	

인	상	구	족		세	세	소	생	
人	相	具	足		世	世	所	生	
사람 인	모양 상	갖출 구	족할 족		세상 세	세상 세	바 소	날 생	

견	불	문	법		신	수	교	회	
見	佛	聞	法		信	受	敎	誨	
볼 견	부처 불	들을 문	법 법		믿을 신	받을 수	가르칠 교	가르칠 회	

아	일	다			여	차	관	시	권
阿	逸	多			汝	且	觀	是	勸
언덕 아	편안할 일	많을 다			너 여	또 차	볼 관	이 시	권할 권

코도 길고 높으며 아주 반듯하고 얼굴 생김새가 원만하리라. 눈썹도 높고 길며 이마 역시 넓고 반듯하여, 아주 좋은 인상을 갖게 되리라. 그리고 세세생생 태어날 적마다 부처님을 친견하여 법을 듣고, 가르침을 믿고 받아들일 것이니라. 아일다보살이여, 또 그대는 이 점을 면밀히 생각해보도록 해라.

어	일	인		영	왕	청	법		공
於	一	人		令	往	聽	法		功
어조사 어	한 일	사람 인		하여금 영	갈 왕	들을 청	법 법		공 공

덕	여	차		하	황	일	심		청
德	如	此		何	況	一	心		聽
덕 덕	같을 여	이 차		어찌 하	하물며 황	한 일	마음 심		들을 청

설	독	송		이	어	대	중		위
說	讀	誦		而	於	大	衆		爲
말씀 설	읽을 독	외울 송		말이을 이	어조사 어	큰 대	무리 중		위할 위

인	분	별		여	설	수	행		이
人	分	別		如	說	修	行		爾
사람 인	나눌 분	나눌 별		같을 여	말씀 설	닦을 수	행할 행		그 이

시	세	존		욕	중	선	차	의
時	世	尊		欲	重	宣	此	義
때 시	세상 세	높을 존		하고자할 욕	거듭할 중	베풀 선	이 차	의미 의

즉 한 사람만 같이 가자고 권하여 법을 듣게 한 공덕도 이와 같이 많거늘,
하물며 일심으로 설법을 듣고 독송하며 또 대중 앞에서 남들을 위해
자세히 분별하여 해설해주고 경전에서 설한 대로 수행한 공덕이야 얼마나 많겠느냐!"
그때 세존께서 거듭 의미를 표현하시고자

이	설	게	언		약	인	어	법	회
而	說	偈	言		若	人	於	法	會
말이을이	말씀 설	게송 게	말씀 언		만약 약	사람 인	어조사 어	법 법	모임 회

득	문	시	경	전		내	지	어	일
得	聞	是	經	典		乃	至	於	一
얻을 득	들을 문	이 시	경 경	법 전		이에 내	이를 지	어조사 어	한 일

게		수	희	위	타	설		여	시
偈		隨	喜	爲	他	說		如	是
게송 게		따를 수	기쁠 희	위할 위	다를 타	말씀 설		같을 여	이 시

전	전	교			지	우	제	오	십
展	轉	教			至	于	第	五	十
펼 전	구를 전	가르칠 교			이를 지	어조사 우	차례 제	다섯 오	열 십

최	후	인	획	복		금	당	분	별
最	後	人	獲	福		今	當	分	別
가장 최	뒤 후	사람 인	얻을 획	복 복		이제 금	마땅히 당	나눌 분	나눌 별

게송으로 말씀하셨다.
　만약 누군가 법회에서 이 경전을 듣고 하다못해 한 게송만이라도 따라 기뻐하며 남에게 설하되,
　이 사람 저 사람 이렇게 차례로 전해져서 오십 번째로 듣고 기뻐한 사람의 경우
　그 사람이 얻는 복덕에 대해 이제 마땅히 분별하여 말하리라.

지		여	유	대	시	주		공	급
之		如	有	大	施	主		供	給
어조사 지		같을 여	있을 유	큰 대	베풀 시	주인 주		이바지할 공	줄 급

무	량	중		구	만	팔	십	세	
無	量	衆		具	滿	八	十	歲	
없을 무	헤아릴 량	무리 중		갖출 구	찰 만	여덟 팔	열 십	해 세	

수	의	지	소	욕		견	피	쇠	노
隨	意	之	所	欲		見	彼	衰	老
따를 수	뜻 의	어조사 지	바 소	하고자할 욕		볼 견	저 피	쇠할 쇠	늙을 노

상		발	백	이	면	추		치	소
相		髮	白	而	面	皺		齒	踈
모양 상		터럭 발	흰 백	말이을 이	낯 면	주름 추		이 치	성글 소

형	고	갈		염	기	사	불	구
形	枯	竭		念	其	死	不	久
모양 형	마를 고	다할 갈		생각할 염	그 기	죽을 사	아닐 불	오랠 구

만일 어떤 큰 시주자가 한량없이 많은 중생들에게 팔십 년 동안이나
물자를 공급하여 중생들이 소망하는 대로 다 베풀어주다가,
중생들이 늙고 백발이 되어 얼굴도 주름진 데다 이도 빠지고
몸도 바싹 여윈 것을 보고는 머지않아 죽게 될 것을 감안해서,

아	금	응	당	교		영	득	어	도
我	今	應	當	教		令	得	於	道
나 아	이제 금	응당히 응	마땅히 당	가르칠 교		하여금 영	얻을 득	어조사 어	길 도

과		즉	위	방	편	설		열	반
果		卽	爲	方	便	說		涅	槃
실과 과		곧 즉	위할 위	처방 방	편할 편	말씀 설		개흙 열	쟁반 반

진	실	법		세	개	불	뢰	고
眞	實	法		世	皆	不	牢	固
참 진	진실 실	법 법		세상 세	다 개	아닐 불	굳을 뢰	굳을 고

여	수	말	포	염		여	등	함	응
如	水	沫	泡	焰		汝	等	咸	應
같을 여	물 수	거품 말	거품 포	불꽃 염		너 여	무리 등	다 함	응당히 응

당		질	생	염	리	심		제	인
當		疾	生	厭	離	心		諸	人
마땅히 당		빠를 질	날 생	싫을 염	떠날 리	마음 심		모든 제	사람 인

'내 이제 응당 저들을 교화하여 불법의 도과를 얻게 하리라'
그래서 곧 그들을 위해 방편으로 열반의 진실한 법을 설하되,
'세상 모든 것은 견고한 것이 없어서 물거품 같고 타다가 꺼지는 불꽃 같나니
너희들은 응당히 모두 빨리 세상을 벗어나려고 생각해야 하느니라!'

문	시	법		개	득	아	라	한
聞	是	法		皆	得	阿	羅	漢
들을문	이시	법법		다개	얻을득	언덕아	새그물라	한수한

구	족	육	신	통		삼	명	팔	해
具	足	六	神	通		三	明	八	解
갖출구	족할족	여섯육	신통할신	통할통		석삼	밝을명	여덟팔	풀해

탈		최	후	제	오	십		문	일
脫		最	後	第	五	十		聞	一
벗을탈		가장최	뒤후	차례제	다섯오	열십		들을문	한일

게	수	희		시	인	복	승	피
偈	隨	喜		是	人	福	勝	彼
게송게	따를수	기쁠희		이시	사람인	복복	수승할승	저피

불	가	위	비	유		여	시	전	전
不	可	爲	譬	喩		如	是	展	轉
아닐불	가히가	할위	비유할비	비유할유		같을여	이시	펼전	구를전

> 법문 들은 모든 사람들 전부 아라한과를 얻어서 육신통과 삼명은 물론
> 팔해탈마저 갖추게 되었다 치더라도, 맨 나중 오십 번째 사람
> 경전 게송 한 구절만 듣고 따라 기뻐한 복덕이 아까 시주자의 복보다 훨씬 더 수승하여
> 가히 비유도 할 수 없게 많으니라. 이와 같이 여러 사람 통해 경전을 전해 들은

제18 수희공덕품

문 聞 들을 문		기 其 그 기	복 福 복 복	상 尙 오히려 상	무 無 없을 무	량 量 헤아릴 량		하 何 어찌 하	황 況 하물며 황
어 於 어조사 어	법 法 법 법	회 會 모임 회		초 初 처음 초	문 聞 들을 문	수 隨 따를 수	희 喜 기쁠 희	자 者 놈 자	
약 若 만약 약	유 有 있을 유	권 勸 권할 권	일 一 한 일	인 人 사람 인		장 將 거느릴 장	인 引 끌 인	청 聽 들을 청	법 法 법 법
화 華 꽃 화		언 言 말씀 언	차 此 이 차	경 經 경 경	심 深 깊을 심	묘 妙 묘할 묘		천 千 일천 천	만 萬 일만 만
겁 劫 겁 겁	난 難 어려울 난	우 遇 만날 우		즉 卽 곧 즉	수 受 받을 수	교 敎 가르침 교	왕 往 갈 왕	청 聽 들을 청	

복덕만 하더라도 헤아릴 수 없거늘, 하물며 법회에서 처음 법을 듣고 따라 기뻐한 사람의
공덕이야 오죽 많겠느냐! 만일 누군가 어느 한 사람에게 권하여 법화경을 같이 듣자고 말하기를,
'이 경은 깊고도 미묘하여 천만 겁이 지나도록 만나기 어렵다네.'
얘기 들은 사람이 법회에 따라가서

내	지	수	유	문		사	인	지	복
乃	至	須	臾	聞		斯	人	之	福
이에 내	이를 지	잠깐 수	잠깐 유	들을 문		이 사	사람 인	어조사 지	복 복

보		금	당	분	별	설		세	세
報		今	當	分	別	說		世	世
갚을 보		이제 금	마땅히 당	나눌 분	나눌 별	말씀 설		세상 세	세상 세

무	구	환		치	불	소	황	흑
無	口	患		齒	不	疎	黃	黑
없을 무	입 구	병 환		이 치	아닐 불	성글 소	누를 황	검을 흑

순	불	후	건	결		무	유	가	악
脣	不	厚	褰	缺		無	有	可	惡
입술 순	아닐 불	두터울 후	줄어질 건	이지러질 결		없을 무	있을 유	가히 가	악할 악

상		설	불	건	흑	단		비	고
相		舌	不	乾	黑	短		鼻	高
모양 상		혀 설	아닐 불	마를 건	검을 흑	짧을 단		코 비	높을 고

잠깐만이라도 듣게 된다면 권유한 사람이 받는 복덕에 대해 지금 다시 분별하여 말하리라.
세세생생 날 적마다 입에 병이 없고 이도 성글게 나지 않으며 누르거나 검지 않고
입술은 두텁지도 않고 언청이도 아니어서 보기 싫은 모양이 전혀 없을 것이며,
혀는 마르거나 색깔이 칙칙하거나 짧지 않고

제18 수희공덕품

수	차	직		액	광	이	평	정
修	且	直		額	廣	而	平	正
길수	또차	곧을직		이마액	넓을광	말이을이	평평할평	바를정

면	목	실	단	엄		위	인	소	희
面	目	悉	端	嚴		爲	人	所	喜
낯면	눈목	다실	단정할단	엄할엄		할위	사람인	바소	기쁠희

견		구	기	무	취	예		우	발
見		口	氣	無	臭	穢		優	鉢
볼견		입구	기운기	없을무	냄새취	더러울예		넉넉할우	바리때발

화	지	향		상	종	기	구	출
華	之	香		常	從	其	口	出
꽃화	어조사지	향기향		항상상	좇을종	그기	입구	날출

약	고	예	승	방		욕	청	법	화
若	故	詣	僧	坊		欲	聽	法	華
만약약	연고고	이를예	중승	절방		하고자할욕	들을청	법법	꽃화

코는 길면서도 높고 곧으며 이마 역시 넓고 반듯한 데다
얼굴과 눈도 모두 단정하니, 사람들이 보기 좋아하고
입에서 나쁜 냄새는커녕 우담발라화 향그런 꽃내음이 풍겨 나오리라.
만일 법화경을 듣고자 일부러 스님들 정사에 찾아가서

경		수	유	문	환	희		금	당
經		須	臾	聞	歡	喜		今	當
경경		잠깐 수	잠깐 유	들을 문	기쁠 환	기쁠 희		이제 금	마땅히 당

설	기	복		후	생	천	인	중
說	其	福		後	生	天	人	中
말씀 설	그 기	복 복		뒤 후	날 생	하늘 천	사람 인	가운데 중

득	묘	상	마	거		진	보	지	연
得	妙	象	馬	車		珍	寶	之	輦
얻을 득	묘할 묘	코끼리 상	말 마	수레 거		보배 진	보배 보	어조사 지	손수레 연

여		급	승	천	궁	전		약	어
輿		及	乘	天	宮	殿		若	於
수레 여		및 급	탈 승	하늘 천	집 궁	궁전 전		만약 약	어조사 어

강	법	처		권	인	좌	청	경
講	法	處		勸	人	坐	聽	經
강론할 강	법 법	곳 처		권할 권	사람 인	앉을 좌	들을 청	경경

잠깐만이라도 듣고 기뻐한다면 또 마땅히 그 복덕에 대해 말하건대,
내생에 천상과 인간 가운데 태어나 좋은 코끼리와 말이 끄는 수레
혹은 진귀한 보배로 꾸민 가마를 타고 그리고는 하늘궁전으로 올라가리라.
만약 법화경 강의하는 곳에서 남에게 경전을 앉아 듣도록 권한다면

시	복	인	연	득		석	범	전	륜
是	福	因	緣	得		釋	梵	轉	輪
이 시	복 복	인할 인	인연 연	얻을 득		풀 석	하늘 범	구를 전	바퀴 륜

좌		하	황	일	심	청		해	설
座		何	況	一	心	聽		解	說
자리 좌		어찌 하	하물며 황	한 일	마음 심	들을 청		풀 해	말씀 설

기	의	취		여	설	이	수	행	
其	義	趣		如	說	而	修	行	
그 기	의미 의	뜻 취		같을 여	말씀 설	말이을 이	닦을 수	행할 행	

기	복	불	가	량
其	福	不	可	量
그 기	복 복	아닐 불	가히 가	헤아릴 량

> 그러한 복의 인연만으로도
> 제석천왕·범천왕·전륜성왕의 자리에 앉거늘,
> 하물며 일심으로 법문을 듣고 남에게 그 뜻을 해설해주며
> 가르침대로 수행한다면 그 복덕이야말로 헤아릴 수 없을 정도니라.

제	십	구		법	사	공	덕	품
第	十	九		法	師	功	德	品
차례 제	열 십	아홉 구		법 법	스승 사	공 공	덕 덕	가지 품

이	시		불	고	상	정	진	보	살
爾	時		佛	告	常	精	進	菩	薩
그 이	때 시		부처 불	알릴 고	항상 상	정미할 정	나아갈 진	보리 보	보살 살

마	하	살		약	선	남	자	선	여
摩	訶	薩		若	善	男	子	善	女
갈 마	꾸짖을 가(하)	보살 살		만약 약	착할 선	사내 남	아들 자	착할 선	여자 여

인		수	지	시	법	화	경		약
人		受	持	是	法	華	經		若
사람 인		받을 수	가질 지	이 시	법 법	꽃 화	경 경		만약 약

독	약	송		약	해	설	약	서	사
讀	若	誦		若	解	說	若	書	寫
읽을 독	만약 약	외울 송		만약 약	풀 해	말씀 설	만약 약	쓸 서	베낄 사

제19 법사공덕품
그때 부처님께서 상정진 보살마하살에게 이르시었다.
"만약 선남자 선여인이 법화경을 수지하여
읽거나 외우며 혹은 해설하거나 베껴 쓴다면,

시	인	당	득		팔	백	안	공	덕
是	人	當	得		八	百	眼	功	德
이 시	사람 인	마땅히 당	얻을 득		여덟 팔	일백 백	눈 안	공 공	덕 덕

천	이	백	이	공	덕		팔	백	비
千	二	百	耳	功	德		八	百	鼻
일천 천	두 이	일백 백	귀 이	공 공	덕 덕		여덟 팔	일백 백	코 비

공	덕		천	이	백	설	공	덕
功	德		千	二	百	舌	功	德
공 공	덕 덕		일천 천	두 이	일백 백	혀 설	공 공	덕 덕

팔	백	신	공	덕		천	이	백	의
八	百	身	功	德		千	二	百	意
여덟 팔	일백 백	몸 신	공 공	덕 덕		일천 천	두 이	일백 백	뜻 의

공	덕		이	시	공	덕		장	엄
功	德		以	是	功	德		莊	嚴
공 공	덕 덕		써 이	이 시	공 공	덕 덕		꾸밀 장	엄할 엄

마땅히 팔백 가지 눈의 공덕과 천이백 가지 귀의 공덕과
팔백 가지 코의 공덕과 천이백 가지 혀의 공덕과
팔백 가지 몸의 공덕과 천이백 가지 마음의 공덕을 얻으리라.
이 공덕으로써

육	근		개	령	청	정		시	선
六	根		皆	令	淸	淨		是	善
여섯 육	뿌리 근		다 개	하여금 령	맑을 청	깨끗할 정		이 시	착할 선

남	자	선	여	인		부	모	소	생
男	子	善	女	人		父	母	所	生
사내 남	아들 자	착할 선	여자 여	사람 인		아비 부	어미 모	바 소	날 생

청	정	육	안		견	어	삼	천	대
淸	淨	肉	眼		見	於	三	千	大
맑을 청	깨끗할 정	고기 육	눈 안		볼 견	어조사 어	석 삼	일천 천	큰 대

천	세	계		내	외	소	유		산
千	世	界		內	外	所	有		山
일천 천	세상 세	지경 계		안 내	바깥 외	바 소	있을 유		뫼 산

림	하	해		하	지	아	비	지	옥
林	河	海		下	至	阿	鼻	地	獄
수풀 림	물 하	바다 해		아래 하	이를 지	언덕 아	코 비	땅 지	옥 옥

육근을 장엄하여 모두 청정하게 되리라.
그 선남자 선여인은 부모가 낳아준 깨끗한 육안만으로도
삼천대천의 온 세계 안팎에 있는 산과 숲과 강과 바다를 보는 것은 물론,
아래로는 아비지옥에 이르며

상	지	유	정		역	견	기	중
上	至	有	頂		亦	見	其	中
위 상	이를 지	있을 유	정수리 정		또 역	볼 견	그 기	가운데 중

일	체	중	생		급	업	인	연
一	切	衆	生		及	業	因	緣
한 일	모두 체	무리 중	날 생		및 급	업 업	인할 인	인연 연

과	보	생	처		실	견	실	지
果	報	生	處		悉	見	悉	知
실과 과	갚을 보	날 생	곳 처		다 실	볼 견	다 실	알 지

이	시	세	존		욕	중	선	차	의
爾	時	世	尊		欲	重	宣	此	義
그 이	때 시	세상 세	높을 존		하고자할 욕	거듭할 중	베풀 선	이 차	의미 의

이	설	게	언		약	어	대	중	중
而	說	偈	言		若	於	大	衆	中
말이을 이	말씀 설	게송 게	말씀 언		만약 약	어조사 어	큰 대	무리 중	가운데 중

위로는 유정천에 이르기까지 전부 살펴보느니라. 또한 그 속에 있는 일체 중생들을 다 보거늘, 그 중생들이 업의 인연과 과보로 해서 태어나게 될 곳까지 모두 보고 알게 되리라."
그때 세존께서 거듭 의미를 표현하시고자 게송으로 말씀하셨다.
    대중 가운데에서

이	무	소	외	심		설	시	법	화
以	無	所	畏	心		說	是	法	華
써이	없을무	바소	두려워할외	마음심		말씀설	이시	법법	꽃화

경		여	청	기	공	덕		시	인
經		汝	聽	其	功	德		是	人
경경		너여	들을청	그기	공공	덕덕		이시	사람인

득	팔	백		공	덕	수	승	안
得	八	百		功	德	殊	勝	眼
얻을득	여덟팔	일백백		공공	덕덕	뛰어날수	수승할승	눈안

이	시	장	엄	고		기	목	심	청
以	是	莊	嚴	故		其	目	甚	淸
써이	이시	꾸밀장	엄할엄	연고고		그기	눈목	심할심	맑을청

정		부	모	소	생	안		실	견
淨		父	母	所	生	眼		悉	見
깨끗할정		아비부	어미모	바소	날생	눈안		다실	볼견

두려움 없는 마음으로 이 법화경 설하는 공덕에 대해 그대는 잘 듣도록 하여라.
설법자는 팔백 가지 공덕의 수승한 눈을 얻으리니
이 공덕으로 장엄되어 그 눈이 매우 청정해지리라.
그리하여 부모가 낳아준 보통 눈으로

삼	천	계		내	외	미	루	산
三	千	界		內	外	彌	樓	山
석 삼	일천 천	지경 계		안 내	바깥 외	두루찰 미	다락 루	뫼 산

수	미	급	철	위		병	제	여	산
須	彌	及	鐵	圍		幷	諸	餘	山
모름지기 수	두루찰 미	및 급	쇠 철	두를 위		아우를 병	모든 제	남을 여	뫼 산

림		대	해	강	하	수		하	지
林		大	海	江	河	水		下	至
수풀 림		큰 대	바다 해	강 강	물 하	물 수		아래 하	이를 지

아	비	옥		상	지	유	정	처
阿	鼻	獄		上	至	有	頂	處
언덕 아	코 비	옥 옥		위 상	이를 지	있을 유	정수리 정	곳 처

기	중	제	중	생		일	체	개	실
其	中	諸	衆	生		一	切	皆	悉
그 기	가운데 중	모든 제	무리 중	날 생		한 일	모두 체	다 개	다 실

> 삼천대천 온 세계 안팎의 미루산·수미산·철위산과 아울러
> 그 밖의 다른 산과 숲들 큰 바다와 강과 시내의 물을 다 볼 수 있고,
> 아래로는 아비지옥에 이르고 위로는 유정천에 이르기까지
> 그 속에 있는 모든 중생들을 보리니,

견		수	미	득	천	안		육	안
見		雖	未	得	天	眼		肉	眼
볼 견		비록 수	아닐 미	얻을 득	하늘 천	눈 안		고기 육	눈 안

력	여	시		부	차	상	정	진	
力	如	是		復	次	常	精	進	
힘 력	같을 여	이 시		다시 부	버금 차	항상 상	정미할 정	나아갈 진	

약	선	남	자	선	여	인		수	지
若	善	男	子	善	女	人		受	持
만약 약	착할 선	사내 남	아들 자	착할 선	여자 여	사람 인		받을 수	가질 지

차	경		약	독	약	송		약	해
此	經		若	讀	若	誦		若	解
이 차	경 경		만약 약	읽을 독	만약 약	외울 송		만약 약	풀 해

설	약	서	사		득	천	이	백	이
說	若	書	寫		得	千	二	百	耳
말씀 설	만약 약	쓸 서	베낄 사		얻을 득	일천 천	두 이	일백 백	귀 이

비록 천안은 얻지 못했다 하더라도
육안의 힘만 해도 이 정도니라.
"게다가 또 상정진보살이여, 만약 선남자 선여인이 이 경을 수지하여
읽거나 외우며 혹은 해설하거나 베껴 쓴다면 천이백 가지 귀의 공덕을 얻으리라.

공	덕		이	시	청	정	이		문
功	德		以	是	清	淨	耳		聞
공공	덕덕		써이	이시	맑을 청	깨끗할 정	귀이		들을 문

삼	천	대	천	세	계		하	지	아
三	千	大	千	世	界		下	至	阿
석삼	일천 천	큰대	일천 천	세상 세	지경 계		아래 하	이를 지	언덕 아

비	지	옥		상	지	유	정		기
鼻	地	獄		上	至	有	頂		其
코비	땅지	옥옥		위상	이를 지	있을 유	정수리 정		그기

중	내	외		종	종	어	언	음	성
中	內	外		種	種	語	言	音	聲
가운데 중	안내	바깥 외		종류 종	종류 종	말씀 어	말씀 언	소리 음	소리 성

상	성	마	성		우	성	거	성
象	聲	馬	聲		牛	聲	車	聲
코끼리 상	소리 성	말마	소리 성		소우	소리 성	수레 거	소리 성

이 청정한 귀로써 삼천대천 온 세계의
아래로는 아비지옥에 이르고 위로는 유정천에 이르기까지
그 가운데 안팎의 여러 가지 말과 음성을 다 들으리라.
즉 코끼리의 소리·말의 소리·소의 소리·수레 구르는 소리·

제	곡	성	수	탄	성		나	성	고
啼	哭	聲	愁	歎	聲		螺	聲	鼓
울 제	울 곡	소리 성	시름 수	탄식할 탄	소리 성		소라 나	소리 성	북 고

성		종	성	영	성		소	성	어
聲		鍾	聲	鈴	聲		笑	聲	語
소리 성		종 종	소리 성	방울 영	소리 성		웃음 소	소리 성	말씀 어

성		남	성	여	성		동	자	성
聲		男	聲	女	聲		童	子	聲
소리 성		사내 남	소리 성	여자 여	소리 성		아이 동	아들 자	소리 성

동	녀	성		법	성	비	법	성	
童	女	聲		法	聲	非	法	聲	
아이 동	여자 녀	소리 성		법 법	소리 성	아닐 비	법 법	소리 성	

고	성	락	성		범	부	성	성	인
苦	聲	樂	聲		凡	夫	聲	聖	人
괴로울 고	소리 성	즐길 락	소리 성		무릇 범	사나이 부	소리 성	성인 성	사람 인

우는 소리 · 탄식하는 소리 · 소라 소리 · 북 소리 · 종소리 ·
방울 소리 · 웃는 소리 · 말하는 소리 · 남자 소리 · 여자 소리 ·
동자 소리 · 동녀 소리 · 법다운 소리 · 법답지 못한 소리 ·
괴로운 소리 · 즐거운 소리 · 범부 소리 · 성인 소리 ·

성		희	성	불	희	성		천	성
聲		喜	聲	不	喜	聲		天	聲
소리 성		기쁠 희	소리 성	아닐 불	기쁠 희	소리 성		하늘 천	소리 성

용	성		야	차	성	건	달	바	성
龍	聲		夜	叉	聲	乾	闥	婆	聲
용 용	소리 성		밤 야	깍지 낄 차	소리 성	하늘 건	대궐문 달	할미 파(바)	소리 성

아	수	라	성		가	루	라	성	
阿	修	羅	聲		迦	樓	羅	聲	
언덕 아	닦을 수	새그물 라	소리 성		막을 가	다락 루	새그물 라	소리 성	

긴	나	라	성		마	후	라	가	성
緊	那	羅	聲		摩	睺	羅	伽	聲
긴할 긴	어찌 나	새그물 라	소리 성		갈 마	애꾸눈 후	새그물 라	절 가	소리 성

화	성	수	성		풍	성	지	옥	성
火	聲	水	聲		風	聲	地	獄	聲
불 화	소리 성	물 수	소리 성		바람 풍	소리 성	땅 지	옥 옥	소리 성

기쁜 소리·기쁘지 않은 소리·하늘천신의 소리·
용의 소리·야차 소리·건달바 소리·아수라 소리·
가루라 소리·긴나라 소리·마후라가 소리·
불 소리·물 소리·바람 소리·지옥 소리·

축	생	성	아	귀	성		비	구	성
畜	生	聲	餓	鬼	聲		比	丘	聲
기를 축	날 생	소리 성	주릴 아	귀신 귀	소리 성		견줄 비	언덕 구	소리 성

비	구	니	성		성	문	성	벽	지
比	丘	尼	聲		聲	聞	聲	辟	支
견줄 비	언덕 구	여승 니	소리 성		소리 성	들을 문	소리 성	임금 벽	지탱할 지

불	성		보	살	성	불	성		이
佛	聲		菩	薩	聲	佛	聲		以
부처 불	소리 성		보리 보	보살 살	소리 성	부처 불	소리 성		써 이

요	언	지		삼	천	대	천	세	계
要	言	之		三	千	大	千	世	界
중요할 요	말씀 언	어조사 지		석 삼	일천 천	큰 대	일천 천	세상 세	지경 계

중	일	체	내	외		소	유	제
中	一	切	內	外		所	有	諸
가운데 중	한 일	모두 체	안 내	바깥 외		바 소	있을 유	모든 제

축생 소리·아귀 소리·비구 소리·비구니 소리·
성문 소리·벽지불 소리·보살 소리·부처님 소리를 다 들으리라.
요약하여 말하자면 삼천대천의
온 세계 가운데 일체 안팎의 모든 소리들을,

성		수	미	득	천	이		이	부
聲		雖	未	得	天	耳		以	父
소리 성		비록 수	아닐 미	얻을 득	하늘 천	귀 이		써 이	아비 부

모	소	생		청	정	상	이		개
母	所	生		清	淨	常	耳		皆
어미 모	바 소	날 생		맑을 청	깨끗할 정	항상 상	귀 이		다 개

실	문	지		여	시	분	별		종
悉	聞	知		如	是	分	別		種
다 실	들을 문	알 지		같을 여	이 시	나눌 분	나눌 별		종류 종

종	음	성		이	불	괴	이	근
種	音	聲		而	不	壞	耳	根
종류 종	소리 음	소리 성		말이을 이	아닐 불	무너질 괴	귀 이	뿌리 근

이	시	세	존		욕	중	선	차	의
爾	時	世	尊		欲	重	宣	此	義
그 이	때 시	세상 세	높을 존		하고자할 욕	거듭할 중	베풀 선	이 차	의미 의

비록 천이는 아직 얻지 못한 상태라 하더라도 부모가 낳아준
청정한 보통 귀로써 다 들어서 알게 되리라. 이와 같이 여러 가지
음성들을 다 듣고 분별하더라도 귀의 능력은 전혀 손상되지 않으리라."
그때 세존께서 거듭 의미를 표현하시고자

이	설	게	언		부	모	소	생	이
而	說	偈	言		父	母	所	生	耳
말 이을 이	말씀 설	게송 게	말씀 언		아비 부	어미 모	바 소	날 생	귀 이

청	정	무	탁	예	이	차	상	이
淸	淨	無	濁	穢	以	此	常	耳
맑을 청	깨끗할 정	없을 무	흐릴 탁	더러울 예	써 이	이 차	항상 상	귀 이

문		삼	천	세	계	성		상	마
聞		三	千	世	界	聲		象	馬
들을 문		석 삼	일천 천	세상 세	지경 계	소리 성		코끼리 상	말 마

거	우	성		종	령	나	고	성
車	牛	聲		鍾	鈴	螺	鼓	聲
수레 거	소 우	소리 성		종 종	방울 령	소라 나	북 고	소리 성

금	슬	공	후	성		소	적	지	음
琴	瑟	箜	篌	聲		簫	笛	之	音
거문고 금	비파 슬	공후 공	공후 후	소리 성		퉁소 소	피리 적	어조사 지	소리 음

게송으로 말씀하셨다.
　설법자는 부모가 낳아주신 귀도 청정하고 더럽지 않아 그 보통 귀로써
　삼천대천 온 세계 소리를 들으리니, 코끼리·말·수레·소 울음소리
　종·방울·소라·북 치는 소리 거문고·비파·공후·퉁소·피리 소리

제19 법사공덕품

성		청	정	호	가	성		청	지
聲		清	淨	好	歌	聲		聽	之
소리 성		맑을 청	깨끗할 정	좋을 호	노래 가	소리 성		들을 청	어조사 지
이	불	착		무	수	종	인	성	
而	不	著		無	數	種	人	聲	
말이을 이	아닐 불	붙일 착		없을 무	셀 수	종류 종	사람 인	소리 성	
문	실	능	해	료		우	문	제	천
聞	悉	能	解	了		又	聞	諸	天
들을 문	다 실	능할 능	풀 해	깨달을 료		또 우	들을 문	모든 제	하늘 천
성		미	묘	지	가	음		급	문
聲		微	妙	之	歌	音		及	聞
소리 성		작을 미	묘할 묘	어조사 지	노래 가	소리 음		및 급	들을 문
남	녀	성		동	자	동	녀	성	
男	女	聲		童	子	童	女	聲	
사내 남	여자 녀	소리 성		아이 동	아들 자	아이 동	여자 녀	소리 성	

맑고 아름다운 노래를 듣긴 해도 집착하지 않으며,
무수한 종족의 여러 사람들 음성을 듣고서 다 알아차릴 수 있고
또 모든 천상의 소리와 아름다운 노래 소리를 들을 뿐더러,
남자·여자·동자·동녀의 소리와

산	천	험	곡	중		가	릉	빈	가
山	川	嶮	谷	中		迦	陵	頻	伽
뫼 산	내 천	험할 험	골 곡	가운데 중		막을 가	큰 언덕 릉	자주 빈	절 가

성		명	명	등	제	조		실	문
聲		命	命	等	諸	鳥		悉	聞
소리 성		목숨 명	목숨 명	무리 등	모든 제	새 조		다 실	들을 문

기	음	성		지	옥	중	고	통	
其	音	聲		地	獄	衆	苦	痛	
그 기	소리 음	소리 성		땅 지	옥 옥	무리 중	괴로울 고	아플 통	

종	종	초	독	성		아	귀	기	갈
種	種	楚	毒	聲		餓	鬼	飢	渴
종류 종	종류 종	괴로울 초	독 독	소리 성		주릴 아	귀신 귀	주릴 기	목마를 갈

핍		구	색	음	식	성		제	아
逼		求	索	飮	食	聲		諸	阿
닥칠 핍		구할 구	찾을 색	마실 음	먹을 식	소리 성		모든 제	언덕 아

산천의 험한 골짜기에서 나는 가릉빈가와
명명 새소리 또 다른 온갖 새소리들을 듣되,
지옥의 갖은 고통에 시달려 아우성치는 소리
기갈에 찬 아귀가 음식 찾아 헤매는 소리

제19 법사공덕품

수	라	등		거	재	대	해	변
修	羅	等		居	在	大	海	邊
닦을 수	새그물 라	무리 등		있을 거	있을 재	큰 대	바다 해	가 변

자	공	언	어	시		출	우	대	음
自	共	言	語	時		出	于	大	音
스스로 자	함께 공	말씀 언	말씀 어	때 시		날 출	어조사 우	큰 대	소리 음

성		여	시	설	법	자		안	주
聲		如	是	說	法	者		安	住
소리 성		같을 여	이 시	말씀 설	법 법	놈 자		편안할 안	머물 주

어	차	간		요	문	시	중	성
於	此	間		遙	聞	是	衆	聲
어조사 어	이 차	사이 간		멀 요	들을 문	이 시	무리 중	소리 성

이	불	괴	이	근		시	방	세	계
而	不	壞	耳	根		十	方	世	界
말이을 이	아닐 불	무너질 괴	귀 이	뿌리 근		열 십(시)	방위 방	세상 세	지경 계

많은 아수라들이 큰 바닷가에 살면서 서로 떠들며 말할 때
울려오는 큰 음성도 듣나니, 이처럼 설법하는 사람은
이 세상에 편안히 거처하며 멀리서 나는 각종 소리들을 듣더라도
귀는 전혀 상하지 않으리라. 시방의 모든 세계에서

중		금	수	명	상	호		기	설
中		禽	獸	鳴	相	呼		其	說
가운데중		날짐승금	짐승수	울명	서로상	부를호		그기	말씀설

법	지	인		어	차	실	문	지
法	之	人		於	此	悉	聞	之
법법	어조사지	사람인		어조사어	이차	다실	들을문	어조사지

기	제	범	천	상		광	음	급	변
其	諸	梵	天	上		光	音	及	遍
그기	모든제	하늘범	하늘천	위상		빛광	소리음	및급	두루편(변)

정		내	지	유	정	천		언	어
淨		乃	至	有	頂	天		言	語
깨끗할정		이에내	이를지	있을유	정수리정	하늘천		말씀언	말씀어

지	음	성		법	사	주	어	차
之	音	聲		法	師	住	於	此
어조사지	소리음	소리성		법법	스승사	머물주	어조사어	이차

새와 짐승들이 서로 울부짖는 소리도
설법하는 사람은 여기 앉아서 전부 들으며,
여러 범천의 세계와 그 위의 광음천과 변정천으로부터
유정천에서 얘기하는 음성까지 법사는 이 세간에 있으면서

실	개	득	문	지		일	체	비	구
悉	皆	得	聞	之		一	切	比	丘
다실	다개	얻을득	들을문	어조사지		한일	모두체	견줄비	언덕구

중		급	제	비	구	니		약	독
衆		及	諸	比	丘	尼		若	讀
무리중		및급	모든제	견줄비	언덕구	여승니		만약약	읽을독

송	경	전		약	위	타	인	설	
誦	經	典		若	爲	他	人	說	
외울송	경경	법전		만약약	위할위	다를타	사람인	말씀설	

법	사	주	어	차		실	개	득	문
法	師	住	於	此		悉	皆	得	聞
법법	스승사	머물주	어조사어	이차		다실	다개	얻을득	들을문

지		부	유	제	보	살		독	송
之		復	有	諸	菩	薩		讀	誦
어조사지		다시부	있을유	모든제	보리보	보살살		읽을독	외울송

다 들으리라.
모든 비구와 비구니들이 경전을 읽고 외우거나
혹은 남을 위해 연설하는 것조차
법사는 여기 머물면서 죄다 들으며, 또 보살들이

어	경	법		약	위	타	인	설	
於	經	法		若	爲	他	人	說	
어조사 어	경 경	법 법		만약 약	위할 위	다를 타	사람 인	말씀 설	

찬	집	해	기	의		여	시	제	음
撰	集	解	其	義		如	是	諸	音
지을 찬	모을 집	풀 해	그 기	의미 의		같을 여	이 시	모든 제	소리 음

성		실	개	득	문	지		제	불
聲		悉	皆	得	聞	之		諸	佛
소리 성		다 실	다 개	얻을 득	들을 문	어조사 지		모든 제	부처 불

대	성	존		교	화	중	생	자	
大	聖	尊		敎	化	衆	生	者	
큰 대	성인 성	높을 존		가르칠 교	화할 화	무리 중	날 생	놈 자	

어	제	대	회	중		연	설	미	묘
於	諸	大	會	中		演	說	微	妙
어조사 어	모든 제	큰 대	모임 회	가운데 중		펼 연	말씀 설	작을 미	묘할 묘

> 경을 읽고 외우며 혹은 남을 위해 설법하거나
> 책을 편찬하여 그 뜻을 해석해주는 이런 모든 소리들까지
> 다 들을 뿐 아니라, 중생 교화하시는 여러 부처님 대성존께서
> 많은 대중들 가운데에서 미묘 법문을 연설하시거든

법		지	차	법	화	자		실	개
法		持	此	法	華	者		悉	皆
법법		가질지	이차	법법	꽃화	놈자		다실	다개

득	문	지		삼	천	대	천	계	
得	聞	之		三	千	大	千	界	
얻을득	들을문	어조사지		석삼	일천천	큰대	일천천	지경계	

내	외	제	음	성		하	지	아	비
內	外	諸	音	聲		下	至	阿	鼻
안내	바깥외	모든제	소리음	소리성		아래하	이를지	언덕아	코비

옥		상	지	유	정	천		개	문
獄		上	至	有	頂	天		皆	聞
옥옥		위상	이를지	있을유	정수리정	하늘천		다개	들을문

기	음	성		이	불	괴	이	근	
其	音	聲		而	不	壞	耳	根	
그기	소리음	소리성		말이을이	아닐불	무너질괴	귀이	뿌리근	

> 법화경 지니는 사람은 그 법문마저 다 듣고,
> 삼천대천 온 세계 안팎의 모든 소리들
> 아래로는 아비지옥, 위로는 유정천에 이르기까지
> 그 여러 소리들을 다 듣더라도 귀는 조금도 상하지 않으리니,

기	이	총	리	고		실	능	분	별
其	耳	聰	利	故		悉	能	分	別
그기	귀이	귀 밝을 총	날카로울 리	연고 고		다 실	능할 능	나눌 분	나눌 별

지		지	시	법	화	자		수	미
知		持	是	法	華	者		雖	未
알 지		가질 지	이 시	법 법	꽃 화	놈 자		비록 수	아닐 미

득	천	이		단	용	소	생	이	
得	天	耳		但	用	所	生	耳	
얻을 득	하늘 천	귀 이		다만 단	쓸 용	바 소	날 생	귀 이	

공	덕	이	여	시		부	차	상	정
功	德	已	如	是		復	次	常	精
공 공	덕 덕	이미 이	같을 여	이 시		다시 부	버금 차	항상 상	정미할 정

진		약	선	남	자	선	여	인	
進		若	善	男	子	善	女	人	
나아갈 진		만약 약	착할 선	사내 남	아들 자	착할 선	여자 여	사람 인	

그 귀가 총명하고 영리하기에 이런 갖가지 소리를 다 분별하여
알아차리거늘 법화경 수지하는 사람 아직 천이는 얻지 못했어도
타고난 보통 귀의 공덕만 해도 이미 이 정도니라.
"다시 상정진보살이여, 만약 선남자 선여인이

수	지	시	경		약	독	약	송
受	持	是	經		若	讀	若	誦
받을 수	가질 지	이 시	경 경		만약 약	읽을 독	만약 약	외울 송

약	해	설	약	서	사		성	취	팔
若	解	說	若	書	寫		成	就	八
만약 약	풀 해	말씀 설	만약 약	쓸 서	베낄 사		이룰 성	이룰 취	여덟 팔

백	비	공	덕		이	시	청	정	비
百	鼻	功	德		以	是	淸	淨	鼻
일백 백	코 비	공 공	덕 덕		써 이	이 시	맑을 청	깨끗할 정	코 비

근		문	어	삼	천	대	천	세	계
根		聞	於	三	千	大	千	世	界
뿌리 근		맡을 문	어조사 어	석 삼	일천 천	큰 대	일천 천	세상 세	지경 계

상	하	내	외		종	종	제	향
上	下	內	外		種	種	諸	香
위 상	아래 하	안 내	바깥 외		종류 종	종류 종	모든 제	향기 향

이 경을 수지하여 읽거나 외우며 혹은 해설하거나 베껴 쓴다면
팔백 가지 코의 공덕을 성취하리라.
이 청정한 코의 능력으로써 삼천대천 온 세계
위아래와 안팎의 각종 향기들을 맡으리라.

수	만	나	화	향		사	제	화	향
須	曼	那	華	香		闍	提	華	香
모름지기 수	아름다울 만	어찌 나	꽃 화	향기 향		화장할 사	끌 제	꽃 화	향기 향

말	리	화	향		첨	복	화	향
末	利	華	香		瞻	蔔	華	香
끝 말	이로울 리	꽃 화	향기 향		볼 첨	무 복	꽃 화	향기 향

바	라	라	화	향		적	련	화	향
波	羅	羅	華	香		赤	蓮	華	香
물결 파(바)	새그물 라	새그물 라	꽃 화	향기 향		붉을 적	연꽃 련	꽃 화	향기 향

청	련	화	향		백	련	화	향
靑	蓮	華	香		白	蓮	華	香
푸를 청	연꽃 련	꽃 화	향기 향		흰 백	연꽃 련	꽃 화	향기 향

화	수	향		과	수	향		전	단
華	樹	香		果	樹	香		栴	檀
꽃 화	나무 수	향기 향		실과 과	나무 수	향기 향		단향목 전	단향목 단

곧 수만나화 향기 · 사제화 향기 · 말리화 향기 ·
첨복화 향기 · 바라라화 향기 · 붉은 연꽃 향기 ·
푸른 연꽃 향기 · 하얀 연꽃 향기 · 꽃나무 향기 ·
과일나무 향기는 물론이요, 전단향 ·

향		침	수	향		다	마	라	발
香		沈	水	香		多	摩	羅	跋
향기 향		가라앉을 침	물 수	향기 향		많을 다	갈 마	새그물 라	밟을 발

향		다	가	라	향		급	천	만
香		多	伽	羅	香		及	千	萬
향기 향		많을 다	절 가	새그물 라	향기 향		및 급	일천 천	일만 만

종	화	향		약	말	약	환		약
種	和	香		若	抹	若	丸		若
종류 종	화평할 화	향기 향		만약 약	가루 말	만약 약	알 환		만약 약

도	향		지	시	경	자		어	차
塗	香		持	是	經	者		於	此
바를 도	향기 향		가질 지	이 시	경 경	놈 자		어조사 어	이 차

간	주		실	능	분	별		우	부
間	住		悉	能	分	別		又	復
사이 간	머물 주		다 실	능할 능	나눌 분	나눌 별		또 우	다시 부

침수향·다마라발향·다가라향·천만 가지 성분이 섞인 향 등
가루든 덩어리든 바르는 것이든 간에,
이 경을 지니는 사람은
여기 머물면서 다 분별할 수 있느니라.

별	지		중	생	지	향		상	향
別	知		衆	生	之	香		象	香
나눌별	알지		무리중	날생	어조사지	향기향		코끼리상	향기향

마	향		우	양	등	향		남	향
馬	香		牛	羊	等	香		男	香
말마	향기향		소우	양양	무리등	향기향		사내남	향기향

여	향		동	자	향	동	녀	향
女	香		童	子	香	童	女	香
여자여	향기향		아이동	아들자	향기향	아이동	여자녀	향기향

급	초	목	총	림	향		약	근	약
及	草	木	叢	林	香		若	近	若
및급	풀초	나무목	모일총	수풀림	향기향		만약약	가까울근	만약약

원		소	유	제	향		실	개	득
遠		所	有	諸	香		悉	皆	得
멀원		바소	있을유	모든제	향기향		다실	다개	얻을득

또 중생들의 냄새를 맡되, 코끼리 냄새 · 말 냄새 · 소 냄새 ·
양 냄새와 남자 냄새 · 여자 냄새 · 동자 냄새 · 동녀 냄새,
게다가 풀과 나무와 숲의 냄새까지 다 식별하여 알리라.
그것들이 가까이 있거나 멀리 있거나 상관없이, 그 모든 냄새들을

문		분	별	불	착		지	시	경
聞		分	別	不	錯		持	是	經
맡을 문		나눌 분	나눌 별	아닐 불	그릇될 착		가질 지	이 시	경 경

자		수	주	어	차		역	문	천
者		雖	住	於	此		亦	聞	天
놈 자		비록 수	머물 주	어조사 어	이 차		또 역	맡을 문	하늘 천

상		제	천	지	향		파	리	질
上		諸	天	之	香		波	利	質
위 상		모든 제	하늘 천	어조사 지	향기 향		물결 파	이로울 리	바탕 질

다	라		구	비	다	라	수	향	
多	羅		拘	鞞	陀	羅	樹	香	
많을 다	새그물 라		잡을 구	마상북 비	비탈질 타(다)	새그물 라	나무 수	향기 향	

급	만	다	라	화	향		마	하	만
及	曼	陀	羅	華	香		摩	訶	曼
및 급	아름다울 만	비탈질 타(다)	새그물 라	꽃 화	향기 향		갈 마	꾸짖을 가(하)	아름다울 만

맡아서 분별하는데 착오가 없으리라.
또한 이 경을 지니는 사람은 비록 여기 땅위에 있더라도
천상의 모든 하늘향기들을 맡으리라.
즉 파리질다라수 향기와 구비다라수 향기 그리고 만다라화 향기·

다	라	화	향		만	수	사	화	향
陀	羅	華	香		曼	殊	沙	華	香
비탈질 타(다)	새그물 라	꽃 화	향기 향		아름다울 만	뛰어날 수	모래 사	꽃 화	향기 향

마	하	만	수	사	화	향		전	단
摩	訶	曼	殊	沙	華	香		栴	檀
갈 마	꾸짖을 가(하)	아름다울 만	뛰어날 수	모래 사	꽃 화	향기 향		단향목 전	단향목 단

침	수		종	종	말	향		제	잡
沈	水		種	種	抹	香		諸	雜
가라앉을 침	물 수		종류 종	종류 종	가루 말	향기 향		모든 제	섞일 잡

화	향		여	시	등	천	향		화
華	香		如	是	等	天	香		和
꽃 화	향기 향		같을 여	이 시	무리 등	하늘 천	향기 향		화평할 화

합	소	출	지	향		무	불	문	지
合	所	出	之	香		無	不	聞	知
합할 합	바 소	날 출	어조사 지	향기 향		없을 무	아닐 불	맡을 문	알 지

마하만다라화 향기·만수사화 향기·마하만수사화 향기와
전단향·침수향·여러 가지 가루향과 가지각색의 꽃향기 등
이와 같이 수많은 하늘향기들이 서로간에 어우러져 풍겨 나오는
향기들을 맡고서 알아차리지 못하는 것이 하나도 없으리라.

우	문	제	천	신	향		석	제	환
又	聞	諸	天	身	香		釋	提	桓
또우	맡을문	모든제	하늘천	몸신	향기향		풀석	끌제	푯말환

인		재	승	전	상		오	욕	오
因		在	勝	殿	上		五	欲	娛
인할인		있을재	수승할승	궁전전	위상		다섯오	욕심욕	즐거워할오

락		희	희	시	향		약	재	묘
樂		嬉	戲	時	香		若	在	妙
즐길락		놀희	장난할희	때시	향기향		만약약	있을재	묘할묘

법	당	상		위	도	리	제	천	
法	堂	上		爲	忉	利	諸	天	
법법	집당	위상		위할위	근심할도	이로울리	모든제	하늘천	

설	법	시	향		약	어	제	원	
說	法	時	香		若	於	諸	園	
말씀설	법법	때시	향기향		만약약	어조사어	모든제	동산원	

또 모든 하늘천신들의 몸향기를 맡으니,
석제환인이 멋진 궁전에서 오욕락을 만끽할 때의 향기라든가
훌륭한 법당에서 도리천의 모든 천신들을 위하여
설법할 때의 향기 혹은 여러 동산에서

유	희	시	향		급	여	천	등
遊	戲	時	香		及	餘	天	等
놀 유	장난할 희	때 시	향기 향		및 급	남을 여	하늘 천	무리 등

남	녀	신	향		개	실	요	문
男	女	身	香		皆	悉	遙	聞
사내 남	여자 녀	몸 신	향기 향		다 개	다 실	멀 요	맡을 문

여	시	전	전		내	지	범	세
如	是	展	轉		乃	至	梵	世
같을 여	이 시	펼 전	구를 전		이에 내	이를 지	하늘 범	세상 세

상	지	유	정		제	천	신	향
上	至	有	頂		諸	天	身	香
위 상	이를 지	있을 유	정수리 정		모든 제	하늘 천	몸 신	향기 향

역	개	문	지		병	문	제	천
亦	皆	聞	之		幷	聞	諸	天
또 역	다 개	맡을 문	어조사 지		아우를 병	맡을 문	모든 제	하늘 천

유희할 때의 향기를 맡으리라. 그리고 그 밖의
다른 천신 남녀들의 몸향기들을 전부 멀리서도 다 맡으리라.
이와 같이 차례로 올라가 점차 범천에 이르고 위로 유정천에 이르기까지
모든 하늘천신들의 몸향기를 죄다 맡으리라. 아울러 모든 하늘에서

소	소	지	향		급	성	문	향
所	燒	之	香		及	聲	聞	香
바 소	사를 소	어조사 지	향기 향		및 급	소리 성	들을 문	향기 향

벽	지	불	향		보	살	향	제
辟	支	佛	香		菩	薩	香	諸
임금 벽	지탱할 지	부처 불	향기 향		보리 보	보살 살	향기 향	모든 제

불	신	향		역	개	요	문	지
佛	身	香		亦	皆	遙	聞	知
부처 불	몸 신	향기 향		또 역	다 개	멀 요	맡을 문	알 지

기	소	재		수	문	차	향	연
其	所	在		雖	聞	此	香	然
그 기	바 소	있을 재		비록 수	맡을 문	이 차	향기 향	그러할 연

어	비	근		불	괴	불	착	약
於	鼻	根		不	壞	不	錯	若
어조사 어	코 비	뿌리 근		아닐 불	무너질 괴	아닐 불	그릇될 착	만약 약

피우는 향의 내음과 그리고 성문·벽지불·보살·부처님의 몸향기를
멀리서 맡고는 그 처소마저 제대로 다 파악하리라.
그러나 비록 이렇게 모든 향기들을 맡게 되더라도
코의 능력은 조금도 손상되거나 잘못되지 않으리라.

욕	분	별		위	타	인	설		억
欲	分	別		爲	他	人	說		憶
하고자할 욕	나눌 분	나눌 별		위할 위	다를 타	사람 인	말씀 설		생각할 억

념	불	류		이	시	세	존		욕
念	不	謬		爾	時	世	尊		欲
생각할 념	아닐 불	어긋날 류		그 이	때 시	세상 세	높을 존		하고자할 욕

중	선	차	의		이	설	게	언
重	宣	此	義		而	說	偈	言
거듭할 중	베풀 선	이 차	의미 의		말이을 이	말씀 설	게송 게	말씀 언

시	인	비	청	정		어	차	세	계
是	人	鼻	淸	淨		於	此	世	界
이 시	사람 인	코 비	맑을 청	깨끗할 정		어조사 어	이 차	세상 세	지경 계

중		약	향	약	취	물		종	종
中		若	香	若	臭	物		種	種
가운데 중		만약 약	향기 향	만약 약	냄새 취	만물 물		종류 종	종류 종

더욱이 향기를 식별하여 다른 사람을 위해 설명하려고 한다면, 기억이 분명해서 한 치도 어긋나지 않으리라."
그때 세존께서 거듭 의미를 표현하시고자 게송으로 말씀하셨다.

　　설법자는 코도 청정하여 이 세계 가운데의
　　향기롭고 혹은 냄새나는 것

실	문	지		수	만	나	사	제
悉	聞	知		須	曼	那	闍	提
다 실	맡을 문	알 지		모름지기 수	아름다울 만	어찌 나	화장할 사	끌 제

다	마	라	전	단		침	수	급	계
多	摩	羅	栴	檀		沈	水	及	桂
많을 다	갈 마	새그물 라	단향목 전	단향목 단		가라앉을 침	물 수	및 급	계수나무 계

향		종	종	화	과	향		급	지
香		種	種	華	果	香		及	知
향기 향		종류 종	종류 종	꽃 화	실과 과	향기 향		및 급	알 지

중	생	향		남	자	여	인	향	
衆	生	香		男	子	女	人	香	
무리 중	날 생	향기 향		사내 남	아들 자	여자 여	사람 인	향기 향	

설	법	자	원	주		문	향	지	소
說	法	者	遠	住		聞	香	知	所
말씀 설	법 법	놈 자	멀 원	머물 주		맡을 문	향기 향	알 지	바 소

> 갖가지를 모두 맡고 알 수 있나니, 수만나꽃 향기와 사제꽃 향기
> 다마라발향과 전단향 침수향 그리고 계향 여러 가지 꽃과 과실 향기,
> 게다가 수많은 중생들의 냄새와 남자·여자 냄새를 구분하되
> 설법자는 멀리 있어도 냄새 맡고서 그 소재까지 아느니라.

재		대	세	전	륜	왕		소	전
在		大	勢	轉	輪	王		小	轉
있을 재		큰 대	기세 세	구를 전	바퀴 륜	임금 왕		작을 소	구를 전

륜	급	자		군	신	제	궁	인
輪	及	子		群	臣	諸	宮	人
바퀴 륜	및 급	아들 자		무리 군	신하 신	모든 제	집 궁	사람 인

문	향	지	소	재		신	소	착	진
聞	香	知	所	在		身	所	著	珍
맡을 문	향기 향	알 지	바 소	있을 재		몸 신	바 소	붙일 착	보배 진

보		급	지	중	보	장		전	륜
寶		及	地	中	寶	藏		轉	輪
보배 보		및 급	땅 지	가운데 중	보배 보	감출 장		구를 전	바퀴 륜

왕	보	녀		문	향	지	소	재
王	寶	女		聞	香	知	所	在
임금 왕	보배 보	여자 녀		맡을 문	향기 향	알 지	바 소	있을 재

세력이 큰 전륜성왕과 작은 전륜왕 그 아들들과 여러 신하들
그리고 모든 궁인들조차 향기 맡고 있는 곳을 전부 알며,
몸에 차고 있는 진귀한 보배나 땅속에 묻혀 있는 보배광
전륜왕의 예쁜 보배 같은 여자들도 향기 맡고 있는 곳을 죄다 알고,

제	인	엄	신	구		의	복	급	영
諸	人	嚴	身	具		衣	服	及	瓔
모든 제	사람 인	엄할 엄	몸 신	갖출 구		옷 의	옷 복	및 급	구슬목걸이 영
락		종	종	소	도	향		문	향
珞		種	種	所	塗	香		聞	香
구슬목걸이 락		종류 종	종류 종	바 소	바를 도	향기 향		맡을 문	향기 향
지	기	신		제	천	약	행	좌	
知	其	身		諸	天	若	行	坐	
알 지	그 기	몸 신		모든 제	하늘 천	만약 약	갈 행	앉을 좌	
유	희	급	신	변		지	시	법	화
遊	戲	及	神	變		持	是	法	華
놀 유	장난할 희	및 급	신통할 신	변할 변		가질 지	이 시	법 법	꽃 화
자		문	향	실	능	지		제	수
者		聞	香	悉	能	知		諸	樹
놈 자		맡을 문	향기 향	다 실	능할 능	알 지		모든 제	나무 수

여러 사람들 몸에 찬 장신구와 의복 그리고 영락
여러 가지 몸에 바른 향 등 그 향기 맡고서 누군지 알아내며,
모든 천신들이 걷는지 앉는지 노는지 아니면 신통으로 변화를 일으키는지
이 법화경 지니는 사람은 향기 맡고서 다 알 수 있나니,

화	과	실		급	소	유	향	기
華	果	實		及	酥	油	香	氣
꽃 화	실과 과	열매 실		및 급	연유 소	기름 유	향기 향	기운 기

지	경	자	주	차		실	지	기	소
持	經	者	住	此		悉	知	其	所
가질 지	경 경	놈 자	머물 주	이 차		다 실	알 지	그 기	바 소

재		제	산	심	험	처		전	단
在		諸	山	深	嶮	處		栴	檀
있을 재		모든 제	뫼 산	깊을 심	험할 험	곳 처		단향목 전	단향목 단

수	화	부		중	생	재	중	자
樹	花	敷		衆	生	在	中	者
나무 수	꽃 화	펼 부		무리 중	날 생	있을 재	가운데 중	놈 자

문	향	개	능	지		철	위	산	대
聞	香	皆	能	知		鐵	圍	山	大
맡을 문	향기 향	다 개	능할 능	알 지		쇠 철	두를 위	뫼 산	큰 대

모든 나무의 꽃과 과실 향기 그리고 버터기름 향내도
법화경 지니는 자는 여기 있으면서 그 소재까지 전부 아느니라.
깊고 험한 산골짜기에서 전단나무에 꽃이 핀 것과
거기 사는 중생들조차 향기 맡고 다 알 수 있으며, 철위산과

해		지	중	제	중	생		지	경
海		地	中	諸	衆	生		持	經
바다 해		땅 지	가운데 중	모든 제	무리 중	날 생		가질 지	경 경

자	문	향		실	지	기	소	재	
者	聞	香		悉	知	其	所	在	
놈 자	맡을 문	향기 향		다 실	알 지	그 기	바 소	있을 재	

아	수	라	남	녀		급	기	제	권
阿	修	羅	男	女		及	其	諸	眷
언덕 아	닦을 수	새그물 라	사내 남	여자 녀		및 급	그 기	모든 제	돌아볼 권

속		투	쟁	유	희	시		문	향
屬		鬪	諍	遊	戲	時		聞	香
무리 속		싸움 투	다툴 쟁	놀 유	장난할 희	때 시		맡을 문	향기 향

개	능	지		광	야	험	애	처	
皆	能	知		曠	野	險	隘	處	
다 개	능할 능	알 지		멀 광	들 야	험할 험	좁을 애	곳 처	

> 큰 바닷속과 땅속의 수없이 많은 중생들을
> 법화경 지니는 사람은 향기 맡고서 그 있는 곳마저 죄다 알고,
> 아수라 남녀들이 자기네 여러 권속들과 서로 싸우거나 노는 경우를
> 향기 맡고 모두 알 수 있으며, 넓은 들판과 험한 골짜기의

사	자	상	호	랑		야	우	수	우
師	子	象	虎	狼		野	牛	水	牛
사자 사	아들 자	코끼리 상	범 호	이리 랑		들 야	소 우	물 수	소 우

등		문	향	지	소	재		약	유
等		聞	香	知	所	在		若	有
무리 등		맡을 문	향기 향	알 지	바 소	있을 재		만약 약	있을 유

회	임	자		미	변	기	남	녀
懷	妊	者		未	辨	其	男	女
품을 회	아이 밸 임	놈 자		아닐 미	분별할 변	그 기	사내 남	여자 녀

무	근	급	비	인		문	향	실	능
無	根	及	非	人		聞	香	悉	能
없을 무	뿌리 근	및 급	아닐 비	사람 인		맡을 문	향기 향	다 실	능할 능

지		이	문	향	력	고		지	기
知		以	聞	香	力	故		知	其
알 지		써 이	맡을 문	향기 향	힘 력	연고 고		알 지	그 기

사자·코끼리·호랑이와 이리·들소·물소 따위가 어디 있는지
냄새 맡고 다 아느니라. 만약 어느 여인이 임신했을 적에
아들인지 딸인지 중성인지 사람이 아닌지 아무도 판단할 수 없더라도
설법자는 냄새 맡고 다 알 수 있으며, 냄새를 맡는 능력으로

초	회	임		성	취	불	성	취
初	懷	妊		成	就	不	成	就
처음초	품을회	아이밸임		이룰성	이룰취	아닐불	이룰성	이룰취

안	락	산	복	자		이	문	향	력
安	樂	産	福	子		以	聞	香	力
편안할안	즐길락	낳을산	복복	아들자		써이	맡을문	향기향	힘력

고		지	남	녀	소	념		염	욕
故		知	男	女	所	念		染	欲
연고고		알지	사내남	여자녀	바소	생각할념		물들염	욕심욕

치	에	심		역	지	수	선	자
癡	恚	心		亦	知	修	善	者
어리석을치	성낼에	마음심		또역	알지	닦을수	착할선	놈자

지	중	중	복	장		금	은	제	진
地	中	衆	伏	藏		金	銀	諸	珍
땅지	가운데중	무리중	엎드릴복	감출장		쇠금	은은	모든제	보배진

그 첫 임신이 무사히 성공할 것인지 아닌지 복덩이를 잘 낳을 것인지 아닌지를 알고,
냄새를 맡는 능력으로 남자와 여자가 무엇을 생각하는지 탐욕・어리석음・성내는 마음에
어느 정도 물들었는지 또한 착한 행실을 닦는 자인가를 모두 아느니라.
땅속에 묻혀 있는 많은 보배광의 금과 은 여러 진귀한 보배들과

보		동	기	지	소	성		문	향
寶		銅	器	之	所	盛		聞	香
보배 보		구리 동	그릇 기	어조사 지	바 소	담을 성		맡을 문	향기 향

실	능	지		종	종	제	영	락
悉	能	知		種	種	諸	瓔	珞
다 실	능할 능	알 지		종류 종	종류 종	모든 제	구슬목걸이 영	구슬목걸이 락

무	능	식	기	가		문	향	지	귀
無	能	識	其	價		聞	香	知	貴
없을 무	능할 능	알 식	그 기	값 가		맡을 문	향기 향	알 지	귀할 귀

천		출	처	급	소	재		천	상
賤		出	處	及	所	在		天	上
천할 천		날 출	곳 처	및 급	바 소	있을 재		하늘 천	위 상

제	화	등		만	다	만	수	사
諸	華	等		曼	陀	曼	殊	沙
모든 제	꽃 화	무리 등		아름다울 만	비탈질 타(다)	아름다울 만	뛰어날 수	모래 사

구리그릇에 담겨진 것조차 냄새 맡아서 다 알 수 있고,
갖가지 모든 영락 능히 그 값을 알 수는 없더라도
귀하고 흔한 것과 출처와 소재까지 냄새 맡고 모두 아느니라.
천상에 핀 여러 꽃들 만다라꽃과 만수사꽃

파	리	질	다	수		문	향	실	능
波	利	質	多	樹		聞	香	悉	能
물결 파	이로울 리	바탕 질	많을 다	나무 수		맡을 문	향기 향	다 실	능할 능

지		천	상	제	궁	전		상	중
知		天	上	諸	宮	殿		上	中
알 지		하늘 천	위 상	모든 제	집 궁	궁전 전		위 상	가운데 중

하	차	별		중	보	화	장	엄	
下	差	別		衆	寶	花	莊	嚴	
아래 하	어긋날 차	나눌 별		무리 중	보배 보	꽃 화	꾸밀 장	엄할 엄	

문	향	실	능	지		천	원	림	승
聞	香	悉	能	知		天	園	林	勝
맡을 문	향기 향	다 실	능할 능	알 지		하늘 천	동산 원	수풀 림	수승할 승

전		제	관	묘	법	당		재	중
殿		諸	觀	妙	法	堂		在	中
궁전 전		모든 제	볼 관	묘할 묘	법 법	집 당		있을 재	가운데 중

파리질다라 나무마저 향기 맡고 다 알 수 있으며,
천상의 모든 궁전들 상·중·하로 차별되어
여러 가지 보배꽃으로 장엄된 것조차 향기 맡고서 죄다 알고,
하늘의 동산과 숲, 멋진 궁전 많은 누각들과 훌륭한 법당 그 가운데에서

이	오	락		문	향	실	능	지
而	娛	樂		聞	香	悉	能	知
말이을 이	즐거워할 오	즐길 락		맡을 문	향기 향	다 실	능할 능	알 지

제	천	약	청	법		혹	수	오	욕
諸	天	若	聽	法		或	受	五	欲
모든 제	하늘 천	만약 약	들을 청	법 법		혹 혹	받을 수	다섯 오	욕심 욕

시		내	왕	행	좌	와		문	향
時		來	往	行	坐	臥		聞	香
때 시		올 내	갈 왕	갈 행	앉을 좌	누울 와		맡을 문	향기 향

실	능	지		천	녀	소	착	의
悉	能	知		天	女	所	著	衣
다 실	능할 능	알 지		하늘 천	여자 녀	바 소	입을 착	옷 의

호	화	향	장	엄		주	선	유	희
好	華	香	莊	嚴		周	旋	遊	戲
좋을 호	꽃 화	향기 향	꾸밀 장	엄할 엄		두루 주	돌 선	놀 유	장난할 희

유희하는 것도 향기 맡고서 다 아는 것은 물론, 모든 천신들이
법을 듣거나 혹은 오욕락을 누릴 때에 오고 가며 다니고 앉고 눕는 것까지
향기 맡고서 전부 아느니라. 하늘나라 선녀들이 예쁜 옷에다가
꽃과 향수로 어여쁘게 단장한 채 빙글빙글 돌면서 왔다갔다 노니는 시각도

시		문	향	실	능	지		여	시
時		聞	香	悉	能	知		如	是
때 시		맡을 문	향기 향	다 실	능할 능	알 지		같을 여	이 시

전	전	상		내	지	어	범	세
展	轉	上		乃	至	於	梵	世
펼 전	구를 전	오를 상		이에 내	이를 지	어조사 어	하늘 범	세상 세

입	선	출	선	자		문	향	실	능
入	禪	出	禪	者		聞	香	悉	能
들 입	고요할 선	날 출	고요할 선	놈 자		맡을 문	향기 향	다 실	능할 능

지		광	음	변	정	천		내	지
知		光	音	遍	淨	天		乃	至
알 지		빛 광	소리 음	두루 편(변)	깨끗할 정	하늘 천		이에 내	이를 지

우	유	정		초	생	급	퇴	몰
于	有	頂		初	生	及	退	沒
어조사 우	있을 유	정수리 정		처음 초	날 생	및 급	물러날 퇴	없을 몰

> 향기 맡고서 다 알 수 있고, 이와 같이 차례로 올라가서
> 범천의 하늘세계에 이르도록 누가 선정에 들어갔다가 나왔는지
> 향기 맡고 전부 알 수 있으며, 광음천과 변정천
> 멀리 유정천에 이르기까지 천신들이 처음 태어나고 죽는 것도

문	향	실	능	지		제	비	구	중
聞	香	悉	能	知		諸	比	丘	衆
맡을 문	향기 향	다 실	능할 능	알 지		모든 제	견줄 비	언덕 구	무리 중

등		어	법	상	정	진		약	좌
等		於	法	常	精	進		若	坐
무리 등		어조사 어	법 법	항상 상	정미할 정	나아갈 진		만약 약	앉을 좌

약	경	행		급	독	송	경	법	
若	經	行		及	讀	誦	經	法	
만약 약	지날 경	갈 행		및 급	읽을 독	외울 송	경 경	법 법	

혹	재	림	수	하		전	정	이	좌
或	在	林	樹	下		專	精	而	坐
혹 혹	있을 재	수풀 림	나무 수	아래 하		오로지 전	정미할 정	말 이을 이	앉을 좌

선		지	경	자	문	향		실	지
禪		持	經	者	聞	香		悉	知
고요할 선		가질 지	경 경	놈 자	맡을 문	향기 향		다 실	알 지

향기 맡고서 죄다 아느니라. 모든 비구 스님들이 불법에
항상 정진하되 앉아 있는지 경행하는지 경전을 읽고 외우는지,
혹은 숲 속 나무 아래에서 오로지 좌선에만 몰두하는지
법화경 지니는 사람은 향기 맡고

기	소	재		보	살	지	견	고
其	所	在		菩	薩	志	堅	固
그기	바소	있을재		보리보	보살살	뜻지	굳을견	굳을고

좌	선	약	독	송		혹	위	인	설
坐	禪	若	讀	誦		或	爲	人	說
앉을좌	고요할선	만약약	읽을독	외울송		혹혹	위할위	사람인	말씀설

법		문	향	실	능	지		재	재
法		聞	香	悉	能	知		在	在
법법		맡을문	향기향	다실	능할능	알지		있을재	있을재

방	세	존		일	체	소	공	경
方	世	尊		一	切	所	恭	敬
방위방	세상세	높을존		한일	모두체	바소	공손할공	공경할경

민	중	이	설	법		문	향	실	능
愍	衆	而	說	法		聞	香	悉	能
가엾을민	무리중	말이을이	말씀설	법법		맡을문	향기향	다실	능할능

그 소재까지 다 아느니라. 보살들의 뜻이 견고하여 좌선하거나
경전을 읽고 외우며 혹은 남들을 위해 설법하는 것마저
향기 맡고서 다 알 수 있고, 곳곳마다 세존께서 일체 중생들의 공경을 받으시며
중생을 불쌍히 여겨 설법하시는 것조차 향기 맡고서 전부 알 수 있느니라.

지		중	생	재	불	전		문	경
知		衆	生	在	佛	前		聞	經
알지		무리중	날생	있을재	부처불	앞전		들을문	경경

개	환	희		여	법	이	수	행	
皆	歡	喜		如	法	而	修	行	
다개	기쁠환	기쁠희		같을여	법법	말이을이	닦을수	행할행	

문	향	실	능	지		수	미	득	보
聞	香	悉	能	知		雖	未	得	菩
맡을문	향기향	다실	능할능	알지		비록수	아닐미	얻을득	보리보

살		무	루	법	생	비		이	시
薩		無	漏	法	生	鼻		而	是
보살살		없을무	샐루	법법	날생	코비		말이을이	이시

지	경	자		선	득	차	비	상	
持	經	者		先	得	此	鼻	相	
가질지	경경	놈자		먼저선	얻을득	이차	코비	모양상	

그리고 중생들이 부처님 앞에서 경을 듣고 모두 환희하여
법과 같이 수행하는 것까지 향기 맡고서 죄다 알 수 있나니,
비록 보살의 무루법으로 얻어지는 그런 코는 아직 얻지 못했더라도
법화경 지니는 사람은 먼저 이러한 코의 조짐부터 얻느니라.

부	차	상	정	진		약	선	남	자
復	次	常	精	進		若	善	男	子
다시 부	버금 차	항상 상	정미할 정	나아갈 진		만약 약	착할 선	사내 남	아들 자

선	여	인		수	지	시	경		약
善	女	人		受	持	是	經		若
착할 선	여자 여	사람 인		받을 수	가질 지	이 시	경 경		만약 약

독	약	송		약	해	설	약	서	사
讀	若	誦		若	解	說	若	書	寫
읽을 독	만약 약	외울 송		만약 약	풀 해	말씀 설	만약 약	쓸 서	베낄 사

득	천	이	백	설	공	덕		약	호
得	千	二	百	舌	功	德		若	好
얻을 득	일천 천	두 이	일백 백	혀 설	공 공	덕 덕		만약 약	좋을 호

약	추		약	미	불	미		급	제
若	醜		若	美	不	美		及	諸
만약 약	더러울 추		만약 약	아름다울 미	아닐 불	아름다울 미		및 급	모든 제

"또 상정진보살이여,
만약 선남자 선여인이 이 경을 수지하여 읽거나 외우며
혹은 해설하거나 베껴 쓴다면 천이백 가지 혀의 공덕을 얻으리라.
그래서 좋거나 거칠거나 맛있거나 맛없거나

고	삽	물		재	기	설	근		개
苦	澁	物		在	其	舌	根		皆
쓸고	떫을삽	만물물		있을재	그기	혀설	뿌리근		다개

변	성	상	미		여	천	감	로
變	成	上	味		如	天	甘	露
변할변	이룰성	좋을상	맛미		같을여	하늘천	달감	이슬로

무	불	미	자		약	이	설	근
無	不	美	者		若	以	舌	根
없을무	아닐불	아름다울미	놈자		만약약	써이	혀설	뿌리근

어	대	중	중		유	소	연	설
於	大	衆	中		有	所	演	說
어조사어	큰대	무리중	가운데중		있을유	바소	펼연	말씀설

출	심	묘	성		능	입	기	심
出	深	妙	聲		能	入	其	心
날출	깊을심	묘할묘	소리성		능할능	들입	그기	마음심

쓰거나 떫은 어떤 것이라도 그의 혀끝에 닿으면, 모두
하늘의 감로수처럼 으뜸가는 맛으로 달게 변하여 맛없는 것이 없으리라.
더욱이 만약 그 혀로써 대중 가운데에서 법을 연설하게 되면,
깊고도 아름다운 음성으로 듣는 사람들 마음속에 깊이 스며들어

개	령	환	희	쾌	락		우	제	천
皆	令	歡	喜	快	樂		又	諸	天
다 개	하여금 령	기쁠 환	기쁠 희	쾌할 쾌	즐길 락		또 우	모든 제	하늘 천
자	천	녀		석	범	제	천		문
子	天	女		釋	梵	諸	天		聞
아들 자	하늘 천	여자 녀		풀 석	하늘 범	모든 제	하늘 천		들을 문
시	심	묘	음	성			유	소	연	설
是	深	妙	音	聲			有	所	演	說
이 시	깊을 심	묘할 묘	소리 음	소리 성			있을 유	바 소	펼 연	말씀 설
언	론	차	제		개	실	래	청
言	論	次	第		皆	悉	來	聽
말씀 언	의논할 론	버금 차	차례 제		다 개	다 실	올 래	들을 청
급	제	용	용	녀		야	차	야	차
及	諸	龍	龍	女		夜	叉	夜	叉
및 급	모든 제	용 용	용 용	여자 녀		밤 야	깍지 낄 차	밤 야	깍지 낄 차

그들을 모두 기쁘고 즐겁게 하리라.
또 여러 천자와 천녀·제석천왕과 범천왕 등 모든 하늘나라 천신들마저
그 깊고 아름다운 음성으로 연설하는 말의 논리가 정연한 것을 듣고는
전부 와서 경청하리라. 그리고 모든 용과 용녀·야차와 야차녀·

녀		건	달	바	건	달	바	녀	
女		乾	闥	婆	乾	闥	婆	女	
여자 녀		하늘 건	대궐문 달	할미 파(바)	하늘 건	대궐문 달	할미 파(바)	여자 녀	

아	수	라	아	수	라	녀		가	루
阿	修	羅	阿	修	羅	女		迦	樓
언덕 아	닦을 수	새그물 라	언덕 아	닦을 수	새그물 라	여자 녀		막을 가	다락 루

라	가	루	라	녀		긴	나	라	긴
羅	迦	樓	羅	女		緊	那	羅	緊
새그물 라	막을 가	다락 루	새그물 라	여자 녀		긴할 긴	어찌 나	새그물 라	긴할 긴

나	라	녀		마	후	라	가	마	후
那	羅	女		摩	睺	羅	伽	摩	睺
어찌 나	새그물 라	여자 녀		갈 마	애꾸눈 후	새그물 라	절 가	갈 마	애꾸눈 후

라	가	녀		위	청	법	고		개
羅	伽	女		爲	聽	法	故		皆
새그물 라	절 가	여자 녀		위할 위	들을 청	법 법	연고 고		다 개

건달바와 건달바녀・아수라와 아수라녀・
가루라와 가루라녀・긴나라와 긴나라녀・
마후라가와 마후라가녀들도
법문을 듣기 위해 죄다

래	친	근		공	경	공	양		급
來	親	近		恭	敬	供	養		及
올 래	친할 친	가까울 근		공손할 공	공경할 경	이바지할 공	기를 양		및 급

비	구	비	구	니		우	바	새	우
比	丘	比	丘	尼		優	婆	塞	優
견줄 비	언덕 구	견줄 비	언덕 구	여승 니		넉넉할 우	할미 파(바)	변방 새	넉넉할 우

바	이		국	왕	왕	자		군	신
婆	夷		國	王	王	子		群	臣
할미 파(바)	오랑캐 이		나라 국	임금 왕	임금 왕	아들 자		무리 군	신하 신

권	속		소	전	륜	왕		대	전
眷	屬		小	轉	輪	王		大	轉
돌아볼 권	무리 속		작을 소	구를 전	바퀴 륜	임금 왕		큰 대	구를 전

륜	왕		칠	보	천	자		내	외
輪	王		七	寶	千	子		內	外
바퀴 륜	임금 왕		일곱 칠	보배 보	일천 천	아들 자		안 내	바깥 외

찾아와서 가까이 모시며 공경하고 공양하리라.
또 비구·비구니·우바새·우바이와 국왕·왕자·여러 신하들과
그 권속뿐 아니라, 세력이 작은 전륜왕과 큰 전륜왕
그리고 전륜왕의 칠보와 천 명의 아들들과 내외

권	속		승	기	궁	전		구	래
眷	屬		乘	其	宮	殿		俱	來
돌아볼 권	무리 속		탈 승	그 기	집 궁	궁전 전		함께 구	올 래

청	법		이	시	보	살		선	설
聽	法		以	是	菩	薩		善	說
들을 청	법 법		써 이	이 시	보리 보	보살 살		착할 선	말씀 설

법	고		바	라	문	거	사		국
法	故		婆	羅	門	居	士		國
법 법	연고 고		할미 파(바)	새그물 라	문 문	있을 거	선비 사		나라 국

내	인	민		진	기	형	수		수
內	人	民		盡	其	形	壽		隨
안 내	사람 인	백성 민		다할 진	그 기	모양 형	목숨 수		따를 수

시	공	양		우	제	성	문		벽
侍	供	養		又	諸	聲	聞		辟
모실 시	이바지할 공	기를 양		또 우	모든 제	소리 성	들을 문		임금 벽

권속들까지 저마다 궁전을 타고 함께 와서 법문을 들으리라.
그 보살이 설법을 잘하기 때문에 바라문과 거사와
나라 안의 모든 백성들도 목숨이 다하도록
따르고 모시며 공양하리라. 또 여러 성문과

지	불		보	살	제	불		상	락
支	佛		菩	薩	諸	佛		常	樂
지탱할지	부처불		보리보	보살살	모든제	부처불		항상상	즐길락

견	지		시	인		소	재	방	면
見	之		是	人		所	在	方	面
볼견	어조사지		이시	사람인		바소	있을재	방위방	방위면

제	불		개	향	기	처		설	법
諸	佛		皆	向	其	處		說	法
모든제	부처불		다개	향할향	그기	곳처		말씀설	법법

실	능	수	지			일	체	불	법
悉	能	受	持			一	切	佛	法
다실	능할능	받을수	가질지			한일	모두체	부처불	법법

우	능	출	어		심	묘	법	음	
又	能	出	於		深	妙	法	音	
또우	능할능	날출	어조사어		깊을심	묘할묘	법법	소리음	

> 벽지불·보살·모든 부처님들께서 언제나 그 사람 보기를 좋아하시며,
> 그 사람이 어디에 있건 부처님들께서 다 그 사람 있는 곳을 향하여 설법하시리라.
> 그리하여 그는 모든 부처님들의 가르침을 전부 받아 간직하는 것은 물론,
> 또 깊고도 아름다운 법음을 펼칠 수 있으리라."

이	시	세	존		욕	중	선	차	의
爾	時	世	尊		欲	重	宣	此	義
그이	때시	세상세	높을존		하고자할욕	거듭할중	베풀선	이차	의미의

이	설	게	언		시	인	설	근	정
而	說	偈	言		是	人	舌	根	淨
말이을이	말씀설	게송게	말씀언		이시	사람인	혀설	뿌리근	깨끗할정

종	불	수	악	미		기	유	소	식
終	不	受	惡	味		其	有	所	食
마침내종	아닐불	받을수	악할악	맛미		그기	있을유	바소	먹을식

담		실	개	성	감	로		이	심
噉		悉	皆	成	甘	露		以	深
씹을담		다실	다개	이룰성	달감	이슬로		써이	깊을심

정	묘	성		어	대	중	설	법
淨	妙	聲		於	大	衆	說	法
깨끗할정	묘할묘	소리성		어조사어	큰대	무리중	말씀설	법법

그때 세존께서 거듭 의미를 표현하시고자 게송으로 말씀하셨다.
　　설법자는 혀도 청정하여 끝내 맛없는 것은 하나도 맛보지 않게 되니,
　　그 사람이 먹게 되면 모두 감로수처럼 달고 맛있게 되리라.
　　깊고 맑으며 미묘한 음성으로써 대중에게 법을 설하되

제19 법사공덕품

이	제	인	연	유		인	도	중	생
以	諸	因	緣	喩		引	導	衆	生
써 이	모든 제	인할 인	인연 연	비유할 유		끌 인	이끌 도	무리 중	날 생

심		문	자	개	환	희		설	제
心		聞	者	皆	歡	喜		設	諸
마음 심		들을 문	놈 자	다 개	기쁠 환	기쁠 희		베풀 설	모든 제

상	공	양		제	천	룡	야	차
上	供	養		諸	天	龍	夜	叉
좋을 상	이바지할 공	기를 양		모든 제	하늘 천	용 룡	밤 야	깍지 낄 차

급	아	수	라	등		개	이	공	경
及	阿	修	羅	等		皆	以	恭	敬
및 급	언덕 아	닦을 수	새그물 라	무리 등		다 개	써 이	공손할 공	공경할 경

심		이	공	래	청	법		시	설
心		而	共	來	聽	法		是	說
마음 심		말이을 이	함께 공	올 래	들을 청	법 법		이 시	말씀 설

> 여러 가지 인연과 비유로써 중생들 마음을 인도하거니,
> 듣는 사람 모두 환희하여 가장 최상의 공양을 올리며
> 하늘천신·용·야차·아수라들도
> 모두 공경하는 마음으로 함께 와서 법을 들으리라.

법	지	인		약	욕	이	묘	음
法	之	人		若	欲	以	妙	音
법 법	어조사 지	사람 인		만약 약	하고자할 욕	써 이	묘할 묘	소리 음

변	만	삼	천	계	수	의	즉	능
遍	滿	三	千	界	隨	意	卽	能
두루 편(변)	찰 만	석 삼	일천 천	지경 계	따를 수	뜻 의	곧 즉	능할 능

지		대	소	전	륜	왕	급	천
至		大	小	轉	輪	王	及	千
이를 지		큰 대	작을 소	구를 전	바퀴 륜	임금 왕	및 급	일천 천

자	권	속		합	장	공	경	심
子	眷	屬		合	掌	恭	敬	心
아들 자	돌아볼 권	무리 속		합할 합	손바닥 장	공손할 공	공경할 경	마음 심

상	래	청	수	법	제	천	룡	야
常	來	聽	受	法	諸	天	龍	夜
항상 상	올 래	들을 청	받을 수	법 법	모든 제	하늘 천	용 룡	밤 야

설법하는 사람이 만약 미묘한 음성으로써 삼천대천 온 세계에
들리게 하고자 할 것 같으면 자기 맘대로 두루 울려 퍼지게 할 수 있나니,
대전륜왕과 소전륜왕 그리고 천 명의 아들들과 권속들이 합장하고
공경하는 마음으로 항상 찾아와서 법문을 경청하고, 모든 하늘천신·용·야차와

차		나	찰	비	사	사		역	이
叉		羅	刹	毘	舍	闍		亦	以
깍지낄 차		새그물 나	절 찰	도울 비	집 사	화장할 사		또 역	써 이

환	희	심		상	락	래	공	양
歡	喜	心		常	樂	來	供	養
기쁠 환	기쁠 희	마음 심		항상 상	즐길 락	올 래	이바지할 공	기를 양

범	천	왕	마	왕		자	재	대	자
梵	天	王	魔	王		自	在	大	自
하늘 범	하늘 천	임금 왕	마귀 마	임금 왕		스스로 자	있을 재	큰 대	스스로 자

재		여	시	제	천	중		상	래
在		如	是	諸	天	衆		常	來
있을 재		같을 여	이 시	모든 제	하늘 천	무리 중		항상 상	올 래

지	기	소		제	불	급	제	자
至	其	所		諸	佛	及	弟	子
이를 지	그 기	곳 소		모든 제	부처 불	및 급	아우 제	아들 자

> 나찰과 비사사 귀신조차 또한 환희심으로
> 늘 찾아와 공양하기를 좋아하리라. 범천왕과 마왕
> 자재천왕과 대자재천왕 이와 같이 많은 하늘천신들이 언제나
> 그 사람 있는 데로 찾아오거늘, 모든 부처님과 제자들까지

문	기	설	법	음		상	념	이	수
聞	其	說	法	音		常	念	而	守
들을 문	그 기	말씀 설	법 법	소리 음		항상 상	생각할 념	말이을 이	지킬 수

호		혹	시	위	현	신		부	차
護		或	時	爲	現	身		復	次
보호할 호		혹 혹	때 시	할 위	나타날 현	몸 신		다시 부	버금 차

상	정	진		약	선	남	자	선	여
常	精	進		若	善	男	子	善	女
항상 상	정미할 정	나아갈 진		만약 약	착할 선	사내 남	아들 자	착할 선	여자 여

인		수	지	시	경		약	독	약
人		受	持	是	經		若	讀	若
사람 인		받을 수	가질 지	이 시	경 경		만약 약	읽을 독	만약 약

송		약	해	설	약	서	사		득
誦		若	解	說	若	書	寫		得
외울 송		만약 약	풀 해	말씀 설	만약 약	쓸 서	베낄 사		얻을 득

그 설법하는 음성을 듣고는 항상 호념하고 수호할 뿐 아니라
때로는 직접 몸을 나타내기도 하시느니라.
"다시 상정진보살이여, 만약 선남자 선여인이
이 경을 수지하여 읽거나 외우며 혹은 해설하거나 베껴 쓴다면

팔	백	신	공	덕		득	청	정	신
八	百	身	功	德		得	淸	淨	身
여덟 팔	일백 백	몸 신	공 공	덕 덕		얻을 득	맑을 청	깨끗할 정	몸 신

여	정	유	리		중	생	희	견
如	淨	琉	璃		衆	生	喜	見
같을 여	깨끗할 정	유리 유	유리 리		무리 중	날 생	기쁠 희	볼 견

기	신	정	고		삼	천	대	천	세
其	身	淨	故		三	千	大	千	世
그 기	몸 신	깨끗할 정	연고 고		석 삼	일천 천	큰 대	일천 천	세상 세

계	중	생		생	시	사	시		상
界	衆	生		生	時	死	時		上
지경 계	무리 중	날 생		날 생	때 시	죽을 사	때 시		위 상

하	호	추		생	선	처	악	처
下	好	醜		生	善	處	惡	處
아래 하	좋을 호	더러울 추		날 생	착할 선	곳 처	악할 악	곳 처

팔백 가지 몸의 공덕을 얻으리라. 그리하여 맑고 깨끗한
유리보석과 같은 청정한 몸을 얻어서 중생들이 보기 좋아하리라.
그리고 몸이 너무 깨끗하기 때문에 삼천대천의 온 세계 중생들이 태어나고 죽는 순간은 물론이며,
우수한지 하열한지, 예쁜지 미운지, 좋은 환경에 태어나는지 나쁜 환경에 태어나는지 등등이

실	어	중	현		급	철	위	산
悉	於	中	現		及	鐵	圍	山
다 실	어조사 어	가운데 중	나타날 현		및 급	쇠 철	두를 위	뫼 산

대	철	위	산		미	루	산		마
大	鐵	圍	山		彌	樓	山		摩
큰 대	쇠 철	두를 위	뫼 산		두루찰 미	다락 루	뫼 산		갈 마

하	미	루	산	등		제	산		급
訶	彌	樓	山	等		諸	山		及
꾸짖을 가(하)	두루찰 미	다락 루	뫼 산	무리 등		모든 제	뫼 산		및 급

기	중	중	생		실	어	중	현
其	中	衆	生		悉	於	中	現
그 기	가운데 중	무리 중	날 생		다 실	어조사 어	가운데 중	나타날 현

하	지	아	비	지	옥		상	지	유
下	至	阿	鼻	地	獄		上	至	有
아래 하	이를 지	언덕 아	코 비	땅 지	옥 옥		위 상	이를 지	있을 유

전부 그 몸에 비쳐지느니라.
또 철위산·대철위산·미루산·마하미루산 등
여러 산들과 그 속의 중생들도 다 몸에 비쳐지며,
아래로는 아비지옥에 이르고 위로는 유정천에 이르기까지

정		소	유	급	중	생		실	어
頂		所	有	及	眾	生		悉	於
정수리 정		바 소	있을 유	및 급	무리 중	날 생		다 실	어조사 어

중	현		약	성	문	벽	지	불
中	現		若	聲	聞	辟	支	佛
가운데 중	나타날 현		만약 약	소리 성	들을 문	임금 벽	지탱할 지	부처 불

보	살	제	불	설	법		개	어	신
菩	薩	諸	佛	說	法		皆	於	身
보리 보	보살 살	모든 제	부처 불	말씀 설	법 법		다 개	어조사 어	몸 신

중		현	기	색	상		이	시	세
中		現	其	色	像		爾	時	世
가운데 중		나타날 현	그 기	빛 색	형상 상		그 이	때 시	세상 세

존		욕	중	선	차	의		이	설
尊		欲	重	宣	此	義		而	說
높을 존		하고자할 욕	거듭할 중	베풀 선	이 차	의미 의		말이을 이	말씀 설

그 안에 있는 온갖 것과 중생들조차 전부 몸에 비쳐지느니라.
더욱이 성문·벽지불·보살 그리고 모든 부처님들께서 설법하시면,
그 사람의 몸에 설법하시는 모습과 형상들이 그대로 다 비쳐지느니라."
그때 세존께서 거듭 의미를 표현하시고자 게송으로 말씀하셨다.

게	언		약	지	법	화	자		기
偈	言		若	持	法	華	者		其
게송 게	말씀 언		만약 약	가질 지	법 법	꽃 화	놈 자		그 기

신	심	청	정		여	피	정	유	리
身	甚	清	淨		如	彼	淨	琉	璃
몸 신	심할 심	맑을 청	깨끗할 정		같을 여	저 피	깨끗할 정	유리 유	유리 리

중	생	개	희	견		우	여	정	명
衆	生	皆	喜	見		又	如	淨	明
무리 중	날 생	다 개	기쁠 희	볼 견		또 우	같을 여	깨끗할 정	밝을 명

경		실	견	제	색	상		보	살
鏡		悉	見	諸	色	像		菩	薩
거울 경		다 실	볼 견	모든 제	빛 색	형상 상		보리 보	보살 살

어	정	신		개	견	세	소	유
於	淨	身		皆	見	世	所	有
어조사 어	깨끗할 정	몸 신		다 개	볼 견	세상 세	바 소	있을 유

> 법화경 간직하는 자 그 몸이 매우 청정하여
> 마치 깨끗한 유리보석 같으매 중생들이 전부 보기 좋아하리라.
> 또 깨끗하고 밝은 거울에 모든 모양과 형상이 잘 비쳐지듯이
> 보살은 깨끗한 몸으로 세상 모든 것을 보되

유	독	자	명	료		여	인	소	불
唯	獨	自	明	了		餘	人	所	不
오직 유	홀로 독	스스로 자	밝을 명	깨달을 료		남을 여	사람 인	바 소	아닐 불

견		삼	천	세	계	중		일	체
見		三	千	世	界	中		一	切
볼 견		석 삼	일천 천	세상 세	지경 계	가운데 중		한 일	모두 체

제	군	맹		천	인	아	수	라
諸	群	萌		天	人	阿	修	羅
모든 제	무리 군	싹 맹		하늘 천	사람 인	언덕 아	닦을 수	새그물 라

지	옥	귀	축	생		여	시	제	색
地	獄	鬼	畜	生		如	是	諸	色
땅 지	옥 옥	귀신 귀	기를 축	날 생		같을 여	이 시	모든 제	빛 색

상	개	어	신	중	현		제	천
像	皆	於	身	中	現		諸	天
형상 상	다 개	어조사 어	몸 신	가운데 중	나타날 현		모든 제	하늘 천

> 오직 자신만 볼 뿐 다른 이는 보지 못하나니,
> 삼천대천 온 세계 가운데 일체 생물들
> 하늘천신·사람·아수라·지옥·아귀·축생의
> 그와 같은 각종 모양과 형상들이 전부 그 사람 몸에 비쳐지리라.

등	궁	전		내	지	어	유	정
等	宮	殿		乃	至	於	有	頂
무리 등	집 궁	궁전 전		이에 내	이를 지	어조사 어	있을 유	정수리 정

철	위	급	미	루		마	하	미	루
鐵	圍	及	彌	樓		摩	訶	彌	樓
쇠 철	두를 위	및 급	두루찰 미	다락 루		갈 마	꾸짖을 가(하)	두루찰 미	다락 루

산		제	대	해	수	등		개	어
山		諸	大	海	水	等		皆	於
뫼 산		모든 제	큰 대	바다 해	물 수	무리 등		다 개	어조사 어

신	중	현		제	불	급	성	문
身	中	現		諸	佛	及	聲	聞
몸 신	가운데 중	나타날 현		모든 제	부처 불	및 급	소리 성	들을 문

불	자	보	살	등		약	독	약	재
佛	子	菩	薩	等		若	獨	若	在
부처 불	아들 자	보리 보	보살 살	무리 등		만약 약	홀로 독	만약 약	있을 재

유정천에 이르는 많은 하늘 궁전들과
철위산·미루산·마하미루산과 큰 바닷물도
모두 몸에 비쳐지며, 여러 부처님들과 성문스님들
그리고 부처님 제자인 보살들이 혼자 있는지 대중 속에서

중		설	법	실	개	현		수	미
衆		說	法	悉	皆	現		雖	未
무리 중		말씀 설	법 법	다 실	다 개	나타날 현		비록 수	아닐 미

득	무	루		법	성	지	묘	신
得	無	漏		法	性	之	妙	身
얻을 득	없을 무	샐 루		법 법	성품 성	어조사 지	묘할 묘	몸 신

이	청	정	상	체		일	체	어	중
以	淸	淨	常	體		一	切	於	中
써 이	맑을 청	깨끗할 정	항상 상	몸 체		한 일	모두 체	어조사 어	가운데 중

현		부	차	상	정	진		약	선
現		復	次	常	精	進		若	善
나타날 현		다시 부	버금 차	항상 상	정미할 정	나아갈 진		만약 약	착할 선

남	자	선	여	인		여	래	멸	후
男	子	善	女	人		如	來	滅	後
사내 남	아들 자	착할 선	여자 여	사람 인		같을 여	올 래	멸할 멸	뒤 후

설법하는지 죄다 그 몸에 비쳐지나니,
　비록 무루 법성의 미묘한 몸을 아직 얻지는 못하였더라도
　설법자의 청정한 보통 몸에 일체가 모두 비쳐지리라.
"또 상정진보살이여! 만약 선남자 선여인이 여래가 열반한 뒤에

수	지	시	경		약	독	약	송
受	持	是	經		若	讀	若	誦
받을 수	가질 지	이 시	경 경		만약 약	읽을 독	만약 약	외울 송

약	해	설	약	서	사		득	천	이
若	解	說	若	書	寫		得	千	二
만약 약	풀 해	말씀 설	만약 약	쓸 서	베낄 사		얻을 득	일천 천	두 이

백	의	공	덕		이	시	청	정	의
百	意	功	德		以	是	清	淨	意
일백 백	뜻 의	공 공	덕 덕		써 이	이 시	맑을 청	깨끗할 정	뜻 의

근		내	지	문	일	게	일	구
根		乃	至	聞	一	偈	一	句
뿌리 근		이에 내	이를 지	들을 문	한 일	게송 게	한 일	글귀 구

통	달	무	량	무	변	지	의		해
通	達	無	量	無	邊	之	義		解
통할 통	통달할 달	없을 무	헤아릴 량	없을 무	가 변	어조사 지	의미 의		풀 해

이 경을 수지하여 읽거나 외우며 혹은 해설하거나
베껴 쓴다면 천이백 가지 마음의 공덕을 얻으리라.
이 청정한 정신 능력으로써 심지어 한 게송이나
한 구절만 듣더라도 한량없이 많은 의미를 통달하게 되리라.

시	의	이		능	연	설	일	구	일
是	義	已		能	演	說	一	句	一
이 시	의미 의	마칠 이		능할 능	펼 연	말씀 설	한 일	글귀 구	한 일

게		지	어	일	월	사	월		내
偈		至	於	一	月	四	月		乃
게송 게		이를 지	어조사 어	한 일	달 월	넉 사	달 월		이에 내

지	일	세		제	소	설	법		수
至	一	歲		諸	所	說	法		隨
이를 지	한 일	해 세		모든 제	바 소	말씀 설	법 법		따를 수

기	의	취		개	여	실	상		불
其	義	趣		皆	與	實	相		不
그 기	의미 의	뜻 취		다 개	더불어 여	진실 실	모양 상		아닐 불

상	위	배		약	설	속	간	경	서
相	違	背		若	說	俗	間	經	書
서로 상	어길 위	등질 배		만약 약	말씀 설	풍속 속	사이 간	경 경	글 서

> 그래서 일단 그 뜻을 알고 난 다음에는 한 구절이나 한 게송을
> 한 달에서 넉 달 아니 일 년 동안을 계속 연설할지라도,
> 설법하는 모든 내용들이 그 뜻의 본질에 부합하여
> 참된 실상과 서로 어긋나지 않으리라. 그리하여 설사 세간의 책자나

치	세	어	언		자	생	업	등	
治	世	語	言		資	生	業	等	
다스릴 치	세상 세	말씀 어	말씀 언		재물 자	날 생	업 업	무리 등	

개	순	정	법		삼	천	대	천	세
皆	順	正	法		三	千	大	千	世
다 개	순할 순	바를 정	법 법		석 삼	일천 천	큰 대	일천 천	세상 세

계		육	취	중	생		심	지	소
界		六	趣	衆	生		心	之	所
지경 계		여섯 육	향할 취	무리 중	날 생		마음 심	어조사 지	바 소

행		심	소	동	작		심	소	희
行		心	所	動	作		心	所	戱
행할 행		마음 심	바 소	움직일 동	지을 작		마음 심	바 소	장난할 희

론		개	실	지	지		수	미	득
論		皆	悉	知	之		雖	未	得
의논할 론		다 개	다 실	알 지	어조사 지		비록 수	아닐 미	얻을 득

정치적인 말 또는 재산이나 직업 등에 관하여 얘기를 하더라도
모두 정법에 순응해서 말하리라. 더욱이 삼천대천 온 세계
여섯 갈래 모든 중생들의 마음이 어떻게 작용하며 어떻게 움직이고,
또 마음으로 쓸데없이 희론하는 바가 무엇인지조차 모두 알게 되리라.

무	루	지	혜		이	기	의	근
無	漏	智	慧		而	其	意	根
없을 무	샐 루	슬기 지	지혜 혜		말이을 이	그 기	뜻 의	뿌리 근

청	정	여	차		시	인		유	소
淸	淨	如	此		是	人		有	所
맑을 청	깨끗할 정	같을 여	이 차		이 시	사람 인		있을 유	바 소

사	유		주	량	언	설		개	시
思	惟		籌	量	言	說		皆	是
생각할 사	생각할 유		셀 주	헤아릴 량	말씀 언	말씀 설		다 개	이 시

불	법		무	부	진	실		역	시
佛	法		無	不	眞	實		亦	是
부처 불	법 법		없을 무	아닐 부	참 진	진실 실		또 역	이 시

선	불		경	중	소	설		이	시
先	佛		經	中	所	說		爾	時
먼저 선	부처 불		경 경	가운데 중	바 소	말씀 설		그 이	때 시

비록 무루의 참 지혜는 아직 얻지 못한 상태라 하더라도, 그 설법자의 정신 능력은
이 정도로 청정하리라. 따라서 그 사람이 사색하며 헤아리고 말하는 점 하나하나가
전부 그대로 불법이어서, 진실하지 않은 것이 하나도 없으리라. 또한 그 사람이 말하는 것은
순전히 과거 부처님들께서 경전 가운데 말씀하셨던 그런 내용들이리라."

세	존		욕	중	선	차	의		이
世	尊		欲	重	宣	此	義		而
세상 세	높을 존		하고자할 욕	거듭할 중	베풀 선	이 차	의미 의		말이을 이

설	게	언		시	인	의	청	정	
說	偈	言		是	人	意	清	淨	
말씀 설	게송 게	말씀 언		이 시	사람 인	뜻 의	맑을 청	깨끗할 정	

명	리	무	예	탁		이	차	묘	의
明	利	無	穢	濁		以	此	妙	意
밝을 명	날카로울 리	없을 무	더러울 예	흐릴 탁		써 이	이 차	묘할 묘	뜻 의

근		지	상	중	하	법		내	지
根		知	上	中	下	法		乃	至
뿌리 근		알 지	위 상	가운데 중	아래 하	법 법		이에 내	이를 지

문	일	게		통	달	무	량	의	
聞	一	偈		通	達	無	量	義	
들을 문	한 일	게송 게		통할 통	통달할 달	없을 무	헤아릴 량	의미 의	

> 그때 세존께서 거듭 의미를 표현하시고자 게송으로 말씀하셨다.
>   설법자는 정신도 깨끗하여 밝고 영리하며 흐리멍덩하지 않나니
>   이 뛰어난 정신 능력으로써 상·중·하의 여러 가지 법을 알되,
>   심지어 한 게송만 듣더라도 한량없는 의미를 통달하여

차	제	여	법	설		월	사	월	지
次	第	如	法	說		月	四	月	至
버금 차	차례 제	같을 여	법 법	말씀 설		달 월	넉 사	달 월	이를 지

세		시	세	계	내	외		일	체
歲		是	世	界	內	外		一	切
해 세		이 시	세상 세	지경 계	안 내	바깥 외		한 일	모두 체

제	중	생		약	천	룡	급	인	
諸	衆	生		若	天	龍	及	人	
모든 제	무리 중	날 생		만약 약	하늘 천	용 룡	및 급	사람 인	

야	차	귀	신	등		기	재	육	취
夜	叉	鬼	神	等		其	在	六	趣
밤 야	깍지 낄 차	귀신 귀	귀신 신	무리 등		그 기	있을 재	여섯 육	향할 취

중		소	념	약	간	종		지	법
中		所	念	若	干	種		持	法
가운데 중		바 소	생각할 념	같을 약	방패 간	종류 종		가질 지	법 법

차근차근 법에 맞게 한 달 넉 달 혹은 일 년까지도 설법하리라.
이 세상 안팎의 모든 중생들인
하늘천신과 용 그리고 사람 야차와 귀신 등,
육도 가운데 온갖 중생들이 갖고 있는 수많은 생각들도

화	지	보		일	시	개	실	지
華	之	報		一	時	皆	悉	知
꽃 화	어조사 지	갚을 보		한 일	때 시	다 개	다 실	알 지

시	방	무	수	불		백	복	장	엄
十	方	無	數	佛		百	福	莊	嚴
열 십(시)	방위 방	없을 무	셀 수	부처 불		일백 백	복 복	꾸밀 장	엄할 엄

상		위	중	생	설	법		실	문
相		爲	衆	生	說	法		悉	聞
모양 상		위할 위	무리 중	날 생	말씀 설	법 법		다 실	들을 문

능	수	지		사	유	무	량	의
能	受	持		思	惟	無	量	義
능할 능	받을 수	가질 지		생각할 사	생각할 유	없을 무	헤아릴 량	의미 의

설	법	역	무	량		종	시	불	망
說	法	亦	無	量		終	始	不	忘
말씀 설	법 법	또 역	없을 무	헤아릴 량		마칠 종	처음 시	아닐 불	잊을 망

법화경 수지한 과보로 일시에 모두 알게 되고,
시방세계 무수한 부처님들께서 백 가지 복덕의 장엄하신 모습으로
중생들 위하여 설법하시는 법문조차 모두 듣고서 받아 간직할 수 있으며,
한량없는 뜻을 사색하고 설법 역시 끝없이 오래 하더라도 시종 잊어버린다거나

착 錯 그릇될착		이 以 써이	지 持 가질지	법 法 법법	화 華 꽃화	고 故 연고고		실 悉 다실	지 知 알지
제 諸 모든제	법 法 법법	상 相 모양상		수 隨 따를수	의 義 의미의	식 識 알식	차 次 버금차	제 第 차례제	
달 達 통달할달	명 名 이름명	자 字 글자자	어 語 말씀어	언 言 말씀언		여 如 같을여	소 所 바소	지 知 알지	연 演 펼연
설 說 말씀설		차 此 이차	인 人 사람인	유 有 있을유	소 所 바소	설 說 말씀설		개 皆 다개	시 是 이시
선 先 먼저선	불 佛 부처불	법 法 법법		이 以 써이	연 演 펼연	차 此 이차	법 法 법법	고 故 연고고	

그릇됨이 없으니 법화경을 간직한 덕분이로다.
모든 법의 모양을 알고 뜻에 따라 적절한 차례까지 아는 데다
이름이나 언어에도 훤히 통달하여 아는 대로 바르게 연설하되,
그가 말하는 이야기들은 전부 과거 부처님들의 법으로 그 법을 연설하기에

어	중	무	소	외		지	법	화	경
於	衆	無	所	畏		持	法	華	經
어조사 어	무리 중	없을 무	바 소	두려워할 외		가질 지	법 법	꽃 화	경 경

자		의	근	정	약	사		수	미
者		意	根	淨	若	斯		雖	未
놈 자		뜻 의	뿌리 근	깨끗할 정	같을 약	이 사		비록 수	아닐 미

득	무	루		선	유	여	시	상	
得	無	漏		先	有	如	是	相	
얻을 득	없을 무	샐 루		먼저 선	있을 유	같을 여	이 시	모양 상	

시	인	지	차	경		안	주	희	유
是	人	持	此	經		安	住	希	有
이 시	사람 인	가질 지	이 차	경 경		편안할 안	머물 주	드물 희	있을 유

지		위	일	체	중	생		환	희
地		爲	一	切	衆	生		歡	喜
땅 지		할 위	한 일	모두 체	무리 중	날 생		기쁠 환	기쁠 희

대중 속에서도 두려움이 없느니라. 법화경 지니는 자는
정신이 이와 같이 깨끗하여 비록 무루의 지혜는 얻지 못했더라도
먼저 이와 같은 조짐이 있게 되느니라. 그 사람이 이 경전을 간직하고
희유한 경지에 편안히 머물매 일체 중생들이 환희에 차서

이	애	경		능	이	천	만	종	
而	愛	敬		能	以	千	萬	種	
말이을이	사랑할애	공경할경		능할능	써이	일천천	일만만	종류종	

선	교	지	어	언		분	별	이	설
善	巧	之	語	言		分	別	而	說
착할선	공교할교	어조사지	말씀어	말씀언		나눌분	나눌별	말이을이	말씀설

법		지	법	화	경	고			
法		持	法	華	經	故			
법법		가질지	법법	꽃화	경경	연고고			

사랑하고 공경하게 되거늘,
그가 능히 천만 가지의 다양하고 이해하기 쉬운 말로써
잘 분별하여 설법할 수 있는 것은
오로지 법화경을 간직한 덕분이로다.

제	이	십		상	불	경	보	살	품
第	二	十		常	不	輕	菩	薩	品
차례 제	두 이	열 십		항상 상	아닐 불	가벼울 경	보리 보	보살 살	가지 품

이	시		불	고	득	대	세	보	살
爾	時		佛	告	得	大	勢	菩	薩
그 이	때 시		부처 불	알릴 고	얻을 득	큰 대	기세 세	보리 보	보살 살

마	하	살		여	금	당	지		약
摩	訶	薩		汝	今	當	知		若
갈 마	꾸짖을 가(하)	보살 살		너 여	이제 금	마땅히 당	알 지		만약 약

비	구	비	구	니		우	바	새	우
比	丘	比	丘	尼		優	婆	塞	優
견줄 비	언덕 구	견줄 비	언덕 구	여승 니		넉넉할 우	할미 파(바)	변방 새	넉넉할 우

바	이		지	법	화	경	자		약
婆	夷		持	法	華	經	者		若
할미 파(바)	오랑캐 이		가질 지	법 법	꽃 화	경 경	놈 자		만약 약

제20 상불경보살품

그때 부처님께서 득대세 보살마하살에게 이르시었다.

"그대는 이제 마땅히 잘 명심하도록 하라.

만약 법화경을 수지하는 비구·비구니와 우바새·우바이를

유	악	구		매	리	비	방		획
有	惡	口		罵	詈	誹	謗		獲
있을 유	악할 악	입 구		욕할 매	꾸짖을 리	헐뜯을 비	헐뜯을 방		얻을 획

대	죄	보		여	전	소	설		기
大	罪	報		如	前	所	說		其
큰 대	허물 죄	갚을 보		같을 여	앞 전	바 소	말씀 설		그 기

소	득	공	덕		여	향	소	설	
所	得	功	德		如	向	所	說	
바 소	얻을 득	공 공	덕 덕		같을 여	접때 향	바 소	말씀 설	

안	이	비	설	신	의	청	정		득
眼	耳	鼻	舌	身	意	淸	淨		得
눈 안	귀 이	코 비	혀 설	몸 신	뜻 의	맑을 청	깨끗할 정		얻을 득

대	세		내	왕	고	석		과	무
大	勢		乃	往	古	昔		過	無
큰 대	기세 세		이에 내	갈 왕	옛 고	옛 석		지날 과	없을 무

어떤 이가 나쁜 말로 욕하고 꾸짖거나 비방한다면, 앞서 말한 대로 큰 죄보를 받으리라.
(그러나 반대로 경을 수지하여 독송하고 남에게 설명해 주거나 베껴 쓴다면)
이 공덕으로 그 사람은 방금 전에 말한 것처럼 눈·귀·코·혀·몸·마음이 모두 청정해지리라.
득대세보살이여! 지나간 옛적

량	무	변		불	가	사	의		아
量	無	邊		不	可	思	議		阿
헤아릴 량	없을 무	가 변		아닐 불	가히 가	생각할 사	의논할 의		언덕 아

승	기	겁		유	불		명	위	음
僧	祇	劫		有	佛		名	威	音
중 승	토지신 기	겁 겁		있을 유	부처 불		이름 명	위엄 위	소리 음

왕	여	래		응	공		정	변	지
王	如	來		應	供		正	遍	知
임금 왕	같을 여	올 래		응당히 응	이바지할 공		바를 정	두루 편(변)	알 지

명	행	족		선	서		세	간	해
明	行	足		善	逝		世	間	解
밝을 명	행할 행	족할 족		착할 선	갈 서		세상 세	사이 간	풀 해

무	상	사		조	어	장	부		천
無	上	士		調	御	丈	夫		天
없을 무	위 상	선비 사		고를 조	길들일 어	어른 장	사나이 부		하늘 천

한량없고 그지없으며 이루 헤아릴 수 없도록 머나먼
아승기 겁 오랜 세월 전에 한 부처님께서 계셨으니,
부처님 이름은 위음왕여래 · 응공 · 정변지 ·
명행족 · 선서 · 세간해 · 무상사 · 조어장부 ·

인	사		불	세	존		겁	명	이
人	師		佛	世	尊		劫	名	離
사람 인	스승 사		부처 불	세상 세	높을 존		겁 겁	이름 명	떠날 이

쇠		국	명	대	성		기	위	음
衰		國	名	大	成		其	威	音
쇠할 쇠		나라 국	이름 명	큰 대	이룰 성		그 기	위엄 위	소리 음

왕	불		어	피	세	중		위	천
王	佛		於	彼	世	中		爲	天
임금 왕	부처 불		어조사 어	저 피	세상 세	가운데 중		위할 위	하늘 천

인	아	수	라		설	법		위	구
人	阿	修	羅		說	法		爲	求
사람 인	언덕 아	닦을 수	새그물 라		말씀 설	법 법		위할 위	구할 구

성	문	자		설	응	사	제	법
聲	聞	者		說	應	四	諦	法
소리 성	들을 문	놈 자		말씀 설	응당히 응	넉 사	진리 제	법 법

천인사·불세존이셨느니라.
그 시대의 이름은 이쇠였고, 세계의 이름은 대성이었느니라.
위음왕 부처님께서는 그 세계에서 하늘천신·사람·아수라들을 위하여 설법하셨는데,
성문 구하는 사람을 위해서는 응당 사제법을 말씀하시어

도	생	로	병	사		구	경	열	반
度	生	老	病	死		究	竟	涅	槃
건널 도	날 생	늙을 로	병들 병	죽을 사		궁구할 구	다할 경	개흙 열	쟁반 반

위	구	벽	지	불	자		설	응	십
爲	求	辟	支	佛	者		說	應	十
위할 위	구할 구	임금 벽	지탱할 지	부처 불	놈 자		말씀 설	응당히 응	열 십

이	인	연	법		위	제	보	살
二	因	緣	法		爲	諸	菩	薩
두 이	인할 인	인연 연	법 법		위할 위	모든 제	보리 보	보살 살

인	아	뇩	다	라	삼	먁	삼	보	리
因	阿	耨	多	羅	三	藐	三	菩	提
인할 인	언덕 아	김맬 누(뇩)	많을 다	새그물 라	석 삼	아득할 막(먁)	석 삼	보리 보	끌 제(리)

설	응	육	바	라	밀	법		구	경
說	應	六	波	羅	蜜	法		究	竟
말씀 설	응당히 응	여섯 육	물결 파(바)	새그물 라	꿀 밀	법 법		궁구할 구	다할 경

생로병사를 벗어나 마침내 열반에 이르도록 하셨느니라.
또한 벽지불 구하는 사람을 위해서는 십이인연법을 말씀하셨고,
모든 보살들을 위해서는 아뇩다라삼먁삼보리를 깨닫도록
육바라밀의 가르침을 설하여

불	혜		득	대	세		시	위	음
佛	慧		得	大	勢		是	威	音
부처 불	지혜 혜		얻을 득	큰 대	기세 세		이 시	위엄 위	소리 음

왕	불		수	사	십	만	억		나
王	佛		壽	四	十	萬	億		那
임금 왕	부처 불		목숨 수	넉 사	열 십	일만 만	억 억		어찌 나

유	타		항	하	사	겁		정	법
由	他		恒	河	沙	劫		正	法
말미암을 유	다를 타		항상 항	물 하	모래 사	겁 겁		바를 정	법 법

주	세	겁	수		여	일	염	부	제
住	世	劫	數		如	一	閻	浮	提
머물 주	세상 세	겁 겁	셀 수		같을 여	한 일	마을 염	뜰 부	끌 제

미	진		상	법	주	세	겁	수
微	塵		像	法	住	世	劫	數
작을 미	티끌 진		형상 상	법 법	머물 주	세상 세	겁 겁	셀 수

부처님 지혜를 이루게 하셨느니라. 득대세보살이여, 그 위음왕 부처님의 수명은
사십만억 나유타 항하의 모래알처럼 수없이 오랜 겁이었느니라.
정법이 세상에 머문 기간은 한 염부제의 티끌수처럼 무수한 겁이었고,
상법이 세상에 머문 기간은

여	사	천	하	미	진		기	불
如	四	天	下	微	塵		其	佛
같을 여	넉 사	하늘 천	아래 하	작을 미	티끌 진		그 기	부처 불

요	익	중	생	이		연	후	멸	도
饒	益	衆	生	已		然	後	滅	度
넉넉할 요	더할 익	무리 중	날 생	마칠 이		그러할 연	뒤 후	멸할 멸	건널 도

정	법	상	법		멸	진	지	후
正	法	像	法		滅	盡	之	後
바를 정	법 법	형상 상	법 법		멸할 멸	다할 진	어조사 지	뒤 후

어	차	국	토		부	유	불	출
於	此	國	土		復	有	佛	出
어조사 어	이 차	나라 국	흙 토		다시 부	있을 유	부처 불	날 출

역	호	위	음	왕	여	래		응	공
亦	號	威	音	王	如	來		應	供
또 역	이름 호	위엄 위	소리 음	임금 왕	같을 여	올 래		응당히 응	이바지할 공

사천하의 티끌수만큼 기나긴 겁이었느니라.
그 부처님께서 중생들을 이롭게 하시고 열반에 드신 다음
정법과 상법마저 다 없어진 뒤, 다시 그 세계에 부처님께서 출현하셨느니라.
그 부처님의 이름도 역시 위음왕여래·응공·

정	변	지		명	행	족		선	서
正	遍	知		明	行	足		善	逝
바를 정	두루 편(변)	알 지		밝을 명	행할 행	족할 족		착할 선	갈 서
세	간	해		무	상	사		조	어
世	間	解		無	上	士		調	御
세상 세	사이 간	풀 해		없을 무	위 상	선비 사		고를 조	길들일 어
장	부		천	인	사		불	세	존
丈	夫		天	人	師		佛	世	尊
어른 장	사나이 부		하늘 천	사람 인	스승 사		부처 불	세상 세	높을 존
여	시	차	제		유	이	만	억	불
如	是	次	第		有	二	萬	億	佛
같을 여	이 시	버금 차	차례 제		있을 유	두 이	일만 만	억 억	부처 불
개	동	일	호		최	초	위	음	왕
皆	同	一	號		最	初	威	音	王
다 개	한가지 동	한 일	이름 호		가장 최	처음 초	위엄 위	소리 음	임금 왕

정변지·명행족·선서·세간해·무상사·
조어장부·천인사·불세존이셨느니라.
이와 같이 차례로 이만억 분의 부처님들께서 출현하셨는데,
모두 똑같이 위음왕불이셨느니라. 맨 첫 번째 위음왕여래께서

여	래		기	이	멸	도		정	법
如	來		旣	已	滅	度		正	法
같을 여	올 래		이미 기	이미 이	멸할 멸	건널 도		바를 정	법 법

멸	후		어	상	법	중		증	상
滅	後		於	像	法	中		增	上
멸할 멸	뒤 후		어조사 어	형상 상	법 법	가운데 중		더할 증	위 상

만	비	구		유	대	세	력		이
慢	比	丘		有	大	勢	力		爾
거만할 만	견줄 비	언덕 구		있을 유	큰 대	기세 세	힘 력		그 이

시		유	일	보	살	비	구		명
時		有	一	菩	薩	比	丘		名
때 시		있을 유	한 일	보리 보	보살 살	견줄 비	언덕 구		이름 명

상	불	경		득	대	세		이	하
常	不	輕		得	大	勢		以	何
항상 상	아닐 불	가벼울 경		얻을 득	큰 대	기세 세		써 이	어찌 하

열반에 드시고 나서 정법이 사라진 뒤 상법 시대에 이르자,
증상만 비구들이 자못 큰 세력을 행사하였느니라.
그 당시 보살 경지에 오른 한 비구가 있었는데,
사람들이 상불경 스님이라 부르곤 하였느니라. 득대세보살이여!

인	연		명	상	불	경		시	비
因	緣		名	常	不	輕		是	比
인할 인	인연 연		이름 명	항상 상	아닐 불	가벼울 경		이 시	견줄 비

구		범	유	소	견		약	비	구
丘		凡	有	所	見		若	比	丘
언덕 구		무릇 범	있을 유	바 소	볼 견		만약 약	견줄 비	언덕 구

비	구	니		우	바	새	우	바	이
比	丘	尼		優	婆	塞	優	婆	夷
견줄 비	언덕 구	여승 니		넉넉할 우	할미 파(바)	변방 새	넉넉할 우	할미 파(바)	오랑캐 이

개	실	예	배	찬	탄		이	작	시
皆	悉	禮	拜	讚	歎		而	作	是
다 개	다 실	예도 예	절 배	칭찬할 찬	찬탄할 탄		말이을 이	지을 작	이 시

언		아	심	경	여	등		불	감
言		我	深	敬	汝	等		不	敢
말씀 언		나 아	깊을 심	공경할 경	너 여	무리 등		아닐 불	감히 감

무슨 이유로 사람들이 상불경 스님이라 불렀는가 하면, 그 비구스님은
무릇 만나는 이마다, 비구든 비구니든 우바새든 우바이든 보는 대로
모두 절하고 찬탄하며 이렇게 말하곤 했기 때문이니라.
'저는 여러분을 마음속 깊이 존경하며,

경	만		소	이	자	하		여	등
輕	慢		所	以	者	何		汝	等
가벼울 경	거만할 만		바 소	써 이	놈 자	어찌 하		너 여	무리 등

개	행	보	살	도		당	득	작	불
皆	行	菩	薩	道		當	得	作	佛
다 개	행할 행	보리 보	보살 살	길 도		마땅히 당	얻을 득	지을 작	부처 불

이	시	비	구		부	전	독	송	경
而	是	比	丘		不	專	讀	誦	經
말이을 이	이 시	견줄 비	언덕 구		아닐 부	오로지 전	읽을 독	외울 송	경 경

전		단	행	예	배		내	지	원
典		但	行	禮	拜		乃	至	遠
법 전		다만 단	행할 행	예도 예	절 배		이에 내	이를 지	멀 원

견	사	중		역	부	고	왕		예
見	四	衆		亦	復	故	往		禮
볼 견	넉 사	무리 중		또 역	다시 부	연고 고	갈 왕		예도 예

가벼이 여기거나 업신여기지 않습니다.
왜냐하면 여러분은 모두 보살도를 닦아 반드시 성불하실 분이기 때문입니다.'
그 비구는 경전을 지성으로 읽거나 외우지는 않았지만, 예배만큼은 아주 정성껏 하였느니라.
심지어 아주 먼 데서 사부대중 가운데 누구라도 보게 되면, 일부러 쫓아가서라도

배	찬	탄		이	작	시	언		아
拜	讚	歎		而	作	是	言		我
절 배	칭찬할 찬	찬탄할 탄		말이을 이	지을 작	이 시	말씀 언		나 아

불	감	경	어	여	등		여	등
不	敢	輕	於	汝	等		汝	等
아닐 불	감히 감	가벼울 경	어조사 어	너 여	무리 등		너 여	무리 등

개	당	작	불		사	중	지	중
皆	當	作	佛		四	衆	之	中
다 개	마땅히 당	지을 작	부처 불		넉 사	무리 중	어조사 지	가운데 중

유	생	진	에		심	부	정	자
有	生	瞋	恚		心	不	淨	者
있을 유	날 생	성낼 진	성낼 에		마음 심	아닐 부	깨끗할 정	놈 자

악	구	매	리	언		시	무	지	비
惡	口	罵	詈	言		是	無	智	比
악할 악	입 구	욕할 매	꾸짖을 리	말씀 언		이 시	없을 무	슬기 지	견줄 비

절하고 찬탄하며 말하였느니라.
'저는 감히 여러분을 가벼이 업신여기지 않습니다. 여러분은 모두 반드시 부처님이 되실 것입니다.'
그러나 사부대중 가운데는 마음이 부정하여 그런 소릴 듣고 성질을 내는 자도 있었느니라.
그들은 나쁜 말로 욕설하며 다음과 같이 꾸짖었느니라. '이 무식한 비구같으니라고!

구		종	하	소	래		자	언	
丘		從	何	所	來		自	言	
언덕 구		좇을 종	어찌 하	바 소	올 래		스스로 자	말씀 언	

아	불	경	여		이	여	아	등	수
我	不	輕	汝		而	與	我	等	授
나 아	아닐 불	가벼울 경	너 여		말이을 이	줄 여	나 아	무리 등	줄 수

기		당	득	작	불		아	등	
記		當	得	作	佛		我	等	
기록할 기		마땅히 당	얻을 득	지을 작	부처 불		나 아	무리 등	

불	용	여	시		허	망	수	기	
不	用	如	是		虛	妄	授	記	
아닐 불	쓸 용	같을 여	이 시		빌 허	허망할 망	줄 수	기록할 기	

여	차	경	력	다	년		상	피	매
如	此	經	歷	多	年		常	被	罵
같을 여	이 차	지날 경	지낼 력	많을 다	해 년		항상 상	입을 피	욕할 매

도대체 어디서 와서 자기가 우리를 가벼이 업신여기지 않는다고 말하는가?
더구나 되지 못하게 우리들에게 수기까지 주며, 반드시 성불할 것이라고 혼자 지껄여 대는가?
우리들은 그와 같은 허망한 수기 따위는 필요 없단 말이다.'
이처럼 여러 해 동안 그는 늘 욕설과 모욕을 당하면서도

리		불	생	진	에		상	작	시
罵		不	生	瞋	恚		常	作	是
꾸짖을 리		아닐 불	날 생	성낼 진	성낼 에		항상 상	지을 작	이 시

언		여	당	작	불		설	시	어
言		汝	當	作	佛		說	是	語
말씀 언		너 여	마땅히 당	지을 작	부처 불		말씀 설	이 시	말씀 어

시		중	인		혹	이	장	목	와
時		衆	人		或	以	杖	木	瓦
때 시		무리 중	사람 인		혹 혹	써 이	지팡이 장	나무 목	기와 와

석		이	타	척	지		피	주	원
石		而	打	擲	之		避	走	遠
돌 석		말이을 이	칠 타	던질 척	어조사 지		피할 피	달릴 주	멀 원

주		유	고	성	창	언		아	
住		猶	高	聲	唱	言		我	
머물 주		오히려 유	높을 고	소리 성	부를 창	말씀 언		나 아	

성내지 않으며, 언제나 '여러분은 반드시 성불할 것입니다'라고 말하였느니라.
이렇게 그가 말할 때면 많은 사람들이 작대기나 기왓장 혹은 돌멩이 따위를
그에게 마구 집어던졌느니라. 그러면 그는 작대기나 돌멩이를 피해
멀리 달아나면서도, 오히려 더 큰 목소리로 이렇게 외쳤느니라.

불	감	경	어	여	등		여	등
不	敢	輕	於	汝	等		汝	等
아닐 불	감히 감	가벼울 경	어조사 어	너 여	무리 등		너 여	무리 등

개	당	작	불	이	기	상	작	시
皆	當	作	佛	以	其	常	作	是
다 개	마땅히 당	지을 작	부처 불	써 이	그 기	항상 상	지을 작	이 시

어	고		증	상	만	비	구	비
語	故		增	上	慢	比	丘	比
말씀 어	연고 고		더할 증	위 상	거만할 만	견줄 비	언덕 구	견줄 비

구	니		우	바	새	우	바	이
丘	尼		優	婆	塞	優	婆	夷
언덕 구	여승 니		넉넉할 우	할미 파(바)	변방 새	넉넉할 우	할미 파(바)	오랑캐 이

호	지	위	상	불	경	시	비	구
號	之	爲	常	不	輕	是	比	丘
이름 호	어조사 지	할 위	항상 상	아닐 불	가벼울 경	이 시	견줄 비	언덕 구

'저는 감히 여러분을 가벼이 업신여기지 않습니다.
여러분은 모두 마땅히 부처님이 되실 것입니다.'
그가 항상 이렇게 말하고 다녔기 때문에, 증상만의 비구・비구니・우바새・우바이들은
그 스님을 '항상 업신여기지 않는 자' 라는 뜻으로 '상불경' 이라 불렀느니라. 그런데 그 상불경 스님이

제20 상불경보살품

임	욕	종	시		어	허	공	중	
臨	欲	終	時		於	虛	空	中	
임할 임	하고자할 욕	마칠 종	때 시		어조사 어	빌 허	빌 공	가운데 중	

구	문	위	음	왕	불		선	소	설
具	聞	威	音	王	佛		先	所	說
갖출 구	들을 문	위엄 위	소리 음	임금 왕	부처 불		먼저 선	바 소	말씀 설

법	화	경		이	십	천	만	억	게
法	華	經		二	十	千	萬	億	偈
법 법	꽃 화	경 경		두 이	열 십	일천 천	일만 만	억 억	게송 게

실	능	수	지		즉	득	여	상	
悉	能	受	持		卽	得	如	上	
다 실	능할 능	받을 수	가질 지		곧 즉	얻을 득	같을 여	위 상	

안	근	청	정		이	비	설	신	의
眼	根	淸	淨		耳	鼻	舌	身	意
눈 안	뿌리 근	맑을 청	깨끗할 정		귀 이	코 비	혀 설	몸 신	뜻 의

목숨을 마치려고 할 때, 허공에서 옛날 위음왕 부처님께서 설하셨던
법화경의 이십천만억 게송들을 전부 듣고는 다 받아 지닐 수 있게 되었느니라.
그러자 앞서 말했던 대로 눈이 청정해지고,
귀·코·혀·몸·마음이

근	청	정		득	시	육	근	청	정
根	淸	淨		得	是	六	根	淸	淨
뿌리 근	맑을 청	깨끗할 정		얻을 득	이 시	여섯 육	뿌리 근	맑을 청	깨끗할 정

이		갱	증	수	명		이	백	만
已		更	增	壽	命		二	百	萬
마칠 이		다시 갱	더할 증	목숨 수	목숨 명		두 이	일백 백	일만 만

억		나	유	타	세		광	위	인
億		那	由	他	歲		廣	爲	人
억 억		어찌 나	말미암을 유	다를 타	해 세		넓을 광	위할 위	사람 인

설		시	법	화	경		어	시	
說		是	法	華	經		於	時	
말씀 설		이 시	법 법	꽃 화	경 경		어조사 어	때 시	

증	상	만	사	중		비	구	비	구
增	上	慢	四	衆		比	丘	比	丘
더할 증	위 상	거만할 만	넉 사	무리 중		견줄 비	언덕 구	견줄 비	언덕 구

모두 청정해졌느니라. 이렇게 육근이 청정해지자 수명이 더 늘어나서,
다시 이백만억 나유타의 기나긴 세월 동안
다른 사람들을 위하여 널리 법화경을 연설하였느니라.
그 당시 증상만이었던 사부대중, 곧 비구·비구니·

니		우	바	새	우	바	이		경
尼		優	婆	塞	優	婆	夷		輕
여승 니		넉넉할 우	할미 파(바)	변방 새	넉넉할 우	할미 파(바)	오랑캐 이		가벼울 경

천	시	인		위	작	불	경	명	자
賤	是	人		爲	作	不	輕	名	者
천할 천	이 시	사람 인		할 위	지을 작	아닐 불	가벼울 경	이름 명	놈 자

견	기	득	대	신	통	력		요	설
見	其	得	大	神	通	力		樂	說
볼 견	그 기	얻을 득	큰 대	신통할 신	통할 통	힘 력		좋아할 요	말씀 설

변	력		대	선	적	력		문	기
辯	力		大	善	寂	力		聞	其
말잘할 변	힘 력		큰 대	착할 선	고요할 적	힘 력		들을 문	그 기

소	설		개	신	복	수	종		시
所	說		皆	信	伏	隨	從		是
바 소	말씀 설		다 개	믿을 신	엎드릴 복	따를 수	좇을 종		이 시

우바새・우바이로서 그를 깔보며 '상불경'이라고 놀려댔던 자들도
그가 큰 신통력과 설법 잘하는 웅변력과 큰 선적력
얻은 것을 확인하고 또 설법 내용을 듣고는,
모두 그를 믿고 기꺼이 순종하며 따르게 되었느니라.

보	살		부	화	천	만	억	중
菩	薩		復	化	千	萬	億	衆
보리 보	보살 살		다시 부	화할 화	일천 천	일만 만	억 억	무리 중

영	주	아	뇩	다	라	삼	막	삼	보
令	住	阿	耨	多	羅	三	藐	三	菩
하여금 영	머물 주	언덕 아	김맬 누(뇩)	많을 다	새그물 라	석 삼	아득할 막(먁)	석 삼	보리 보

리		명	종	지	후		득	치	이
提		命	終	之	後		得	値	二
끌 제(리)		목숨 명	마칠 종	어조사 지	뒤 후		얻을 득	만날 치	두 이

천	억	불		개	호	일	월	등	명
千	億	佛		皆	號	日	月	燈	明
일천 천	억 억	부처 불		다 개	이름 호	해 일	달 월	등잔 등	밝을 명

어	기	법	중		설	시	법	화	경
於	其	法	中		說	是	法	華	經
어조사 어	그 기	법 법	가운데 중		말씀 설	이 시	법 법	꽃 화	경 경

그 보살은 다시 천만억 대중들을 교화하여 아뇩다라삼먁삼보리에 머물도록 하였느니라.
상불경보살은 목숨을 마친 다음에 또 이천억 부처님들을 친견하였느니라.
부처님들의 이름은 모두 일월등명불이셨으며,
그 부처님들 법 가운데에서도 법화경을 연설하였느니라.

이	시	인	연		부	치	이	천	억
以	是	因	緣		復	値	二	千	億
써 이	이 시	인할 인	인연 연		다시 부	만날 치	두 이	일천 천	억 억

불		동	호	운	자	재	등	왕
佛		同	號	雲	自	在	燈	王
부처 불		한가지 동	이름 호	구름 운	스스로 자	있을 재	등잔 등	임금 왕

어	차	제	불	법	중		수	지	독
於	此	諸	佛	法	中		受	持	讀
어조사 어	이 차	모든 제	부처 불	법 법	가운데 중		받을 수	가질 지	읽을 독

송		위	제	사	중		설	차	경
誦		爲	諸	四	衆		說	此	經
외울 송		위할 위	모든 제	넉 사	무리 중		말씀 설	이 차	경 경

전	고		득	시	상	안	청	정
典	故		得	是	常	眼	清	淨
법 전	연고 고		얻을 득	이 시	항상 상	눈 안	맑을 청	깨끗할 정

그 인연으로써 또 다시 이천억 부처님들을 친견했으니,
부처님들의 이름은 다 같이 운자재등왕불이셨느니라.
그 부처님들 법 가운데에서도 법화경을 수지하여 읽고 외웠으며,
여러 사부대중을 위하여 연설했기 때문에 눈이 항상 청정했느니라.

이	비	설	신	의		제	근	청	정
耳	鼻	舌	身	意		諸	根	清	淨
귀 이	코 비	혀 설	몸 신	뜻 의		모든 제	뿌리 근	맑을 청	깨끗할 정

어	사	중	중	설	법		심	무	소
於	四	衆	中	說	法		心	無	所
어조사 어	넉 사	무리 중	가운데 중	말씀 설	법 법		마음 심	없을 무	바 소

외		득	대	세		시	상	불	경
畏		得	大	勢		是	常	不	輕
두려워할 외		얻을 득	큰 대	기세 세		이 시	항상 상	아닐 불	가벼울 경

보	살	마	하	살		공	양	여	시
菩	薩	摩	訶	薩		供	養	如	是
보리 보	보살 살	갈 마	꾸짖을 가(하)	보살 살		이바지할 공	기를 양	같을 여	이 시

약	간	제	불		공	경	존	중	찬
若	干	諸	佛		恭	敬	尊	重	讚
같을 약	방패 간	모든 제	부처 불		공손할 공	공경할 경	높을 존	무거울 중	칭찬할 찬

뿐만 아니라 귀·코·혀·몸·마음의 다른 감각 기관도 모두 청정해졌으며,
사부대중 속에서 설법하더라도 마음에 전혀 두려운 바가 없게 되었느니라.
득대세보살이여! 그 상불경 보살마하살은 이와 같이
수많은 부처님들께 공양 올렸으며, 공경하고 존중히 찬탄하여

탄		종	제	선	근		어	후	
歎		種	諸	善	根		於	後	
찬탄할 탄		심을 종	모든 제	착할 선	뿌리 근		어조사 어	뒤 후	

부	치	천	만	억	불		역	어	제
復	值	千	萬	億	佛		亦	於	諸
다시 부	만날 치	일천 천	일만 만	억 억	부처 불		또 역	어조사 어	모든 제

불	법	중		설	시	경	전		공
佛	法	中		說	是	經	典		功
부처 불	법 법	가운데 중		말씀 설	이 시	경 경	법 전		공 공

덕	성	취		당	득	작	불		득
德	成	就		當	得	作	佛		得
덕 덕	이룰 성	이룰 취		마땅히 당	얻을 득	지을 작	부처 불		얻을 득

대	세		어	의	운	하		이	시
大	勢		於	意	云	何		爾	時
큰 대	기세 세		어조사 어	뜻 의	이를 운	어찌 하		그 이	때 시

많은 선근을 심었느니라. 그 후에 천만억 부처님들을 더 친견하였으며,
역시 그 부처님들 법 가운데에서도 법화경을 설했느니라.
이윽고 이런 공덕이 쌓여서 드디어 성불하게 되었느니라.
득대세보살이여, 어떻게 생각하느냐? 그때의

상	불	경	보	살		기	이	인	호
常	不	輕	菩	薩		豈	異	人	乎
항상상	아닐불	가벼울경	보리보	보살살		어찌기	다를이	사람인	어조사호

즉	아	신	시		약	아	어	숙	세
則	我	身	是		若	我	於	宿	世
곧즉	나아	몸신	이시		만약약	나아	어조사어	묵을숙	세상세

불	수	지	독	송	차	경		위	타
不	受	持	讀	誦	此	經		爲	他
아닐불	받을수	가질지	읽을독	외울송	이차	경경		위할위	다를타

인	설	자		불	능	질	득		아
人	說	者		不	能	疾	得		阿
사람인	말씀설	놈자		아닐불	능할능	빠를질	얻을득		언덕아

녹	다	라	삼	먁	삼	보	리		아
耨	多	羅	三	藐	三	菩	提		我
김맬누(녹)	많을다	새그물라	석삼	아득할막(먁)	석삼	보리보	끌제(리)		나아

상불경보살이 누구겠느냐?
바로 내가 그 상불경보살이었느니라.
만약 내가 과거세에 이 법화경을 수지하여 읽고 외우며 다른 사람을 위해 설하지 않았더라면,
이렇게 빨리 아뇩다라삼먁삼보리를 얻을 수 없었을 것이니라.

어	선	불	소		수	지	독	송	차
於	先	佛	所		受	持	讀	誦	此
어조사 어	먼저 선	부처 불	곳 소		받을 수	가질 지	읽을 독	외울 송	이 차

경		위	인	설	고		질	득	아
經		爲	人	說	故		疾	得	阿
경 경		위할 위	사람 인	말씀 설	연고 고		빠를 질	얻을 득	언덕 아

뇩	다	라	삼	먁	삼	보	리		득
耨	多	羅	三	藐	三	菩	提		得
김맬 누(뇩)	많을 다	새그물 라	석 삼	아득할 먁(먁)	석 삼	보리 보	끌 제(리)		얻을 득

대	세		피	시	사	중		비	구
大	勢		彼	時	四	衆		比	丘
큰 대	기세 세		저 피	때 시	넉 사	무리 중		견줄 비	언덕 구

비	구	니		우	바	새	우	바	이
比	丘	尼		優	婆	塞	優	婆	夷
견줄 비	언덕 구	여승 니		넉넉할 우	할미 파(바)	변방 새	넉넉할 우	할미 파(바)	오랑캐 이

나는 과거 부처님들 처소에서 이 경을 수지하여 읽고 외우며
남을 위해 연설했기 때문에, 빨리 아뇩다라삼먁삼보리를 얻게 되었느니라.
득대세보살이여!
그 당시 사부대중이었던 비구·비구니·우바새·우바이들은

이	진	에	의		경	천	아	고
以	瞋	恚	意		輕	賤	我	故
써 이	성낼 진	성낼 에	뜻 의		가벼울 경	천할 천	나 아	연고 고

이	백	억	겁		상	불	치	불
二	百	億	劫		常	不	値	佛
두 이	일백 백	억 억	겁 겁		항상 상	아닐 불	만날 치	부처 불

불	문	법		불	견	승		천	겁
不	聞	法		不	見	僧		千	劫
아닐 불	들을 문	법 법		아닐 불	볼 견	중 승		일천 천	겁 겁

어	아	비	지	옥		수	대	고	뇌
於	阿	鼻	地	獄		受	大	苦	惱
어조사 어	언덕 아	코 비	땅 지	옥 옥		받을 수	큰 대	괴로울 고	괴로워할 뇌

필	시	죄	이		부	우	상	불	경
畢	是	罪	已		復	遇	常	不	輕
마칠 필	이 시	허물 죄	마칠 이		다시 부	만날 우	항상 상	아닐 불	가벼울 경

성내며 나를 경멸하고 천대했기 때문에, 이백억 겁 동안이나
부처님을 만나지 못했으며 법을 듣지 못했고 스님도 보지 못했느니라.
그리고 천 겁 동안 아비지옥에서 큰 고통을 받았느니라.
그렇지만 그 죄값을 다 치른 다음에는 다시 상불경보살을 만나

보	살		교	화		아	뇩	다	라
菩	薩		敎	化		阿	耨	多	羅
보리 보	보살 살		가르칠 교	화할 화		언덕 아	김맬 누(뇩)	많을 다	새그물 라

삼	먁	삼	보	리		득	대	세	
三	藐	三	菩	提		得	大	勢	
석 삼	아득할 먁(막)	석 삼	보리 보	끌 제(리)		얻을 득	큰 대	기세 세	

어	여	의	운	하		이	시	사	중
於	汝	意	云	何		爾	時	四	衆
어조사 어	너 여	뜻 의	이를 운	어찌 하		그 이	때 시	넉 사	무리 중

상	경	시	보	살	자		기	이	인
常	輕	是	菩	薩	者		豈	異	人
항상 상	가벼울 경	이 시	보리 보	보살 살	놈 자		어찌 기	다를 이	사람 인

호		금	차	회	중		발	타	바
乎		今	此	會	中		跋	陀	婆
어조사 호		이제 금	이 차	모임 회	가운데 중		밟을 발	비탈질 타	할미 파(바)

교화되어 아뇩다라삼먁삼보리로 향하였느니라.
득대세보살이여, 그대 생각은 어떠한가?
그 당시 항상 상불경보살을 경멸했던 사부대중들이 누구겠느냐?
지금 이 모임에 있는 발타바라보살을 비롯한

라	등		오	백	보	살		사	자
羅	等		五	百	菩	薩		師	子
새그물 라	무리 등		다섯 오	일백 백	보리 보	보살 살		스승 사	아들 자

월	등		오	백	비	구	니		사
月	等		五	百	比	丘	尼		思
달 월	무리 등		다섯 오	일백 백	견줄 비	언덕 구	여승 니		생각할 사

불	등		오	백	우	바	새		개
佛	等		五	百	優	婆	塞		皆
부처 불	무리 등		다섯 오	일백 백	넉넉할 우	할미 파(바)	변방 새		다 개

어	아	뇩	다	라	삼	막	삼	보	리
於	阿	耨	多	羅	三	藐	三	菩	提
어조사 어	언덕 아	김맬 누(뇩)	많을 다	새그물 라	석 삼	아득할 막(먁)	석 삼	보리 보	끌 제(리)

불	퇴	전	자	시		득	대	세	
不	退	轉	者	是		得	大	勢	
아닐 불	물러날 퇴	구를 전	놈 자	이 시		얻을 득	큰 대	기세 세	

오백 명의 보살들과 사자월 비구니를 포함한 오백 명의 비구니 스님들,
그리고 사불을 비롯한 오백 명의 우바새들이니라.
곧 현재 모두 아뇩다라삼먁삼보리에서 물러나지 않는 경지에 오른 자들이
바로 그들이었느니라. 득대세보살이여,

당	지		시	법	화	경		대	요
當	知		是	法	華	經		大	饒
마땅히 당	알 지		이 시	법 법	꽃 화	경 경		큰 대	넉넉할 요

익		제	보	살	마	하	살		능
益		諸	菩	薩	摩	訶	薩		能
더할 익		모든 제	보리 보	보살 살	갈 마	꾸짖을 가(하)	보살 살		능할 능

령	지	어		아	뇩	다	라	삼	먁
令	至	於		阿	耨	多	羅	三	藐
하여금 령	이를 지	어조사 어		언덕 아	김맬 누(뇩)	많을 다	새그물 라	석 삼	아득할 막(먁)

삼	보리	리		시	고		제	보	살
三	菩	提		是	故		諸	菩	薩
석 삼	보리 보	끌 제(리)		이 시	연고 고		모든 제	보리 보	보살 살

마	하	살		어	여	래	멸	후
摩	訶	薩		於	如	來	滅	後
갈 마	꾸짖을 가(하)	보살 살		어조사 어	같을 여	올 래	멸할 멸	뒤 후

마땅히 잘 명심하여라.
이 법화경은 모든 보살마하살들을 크게 이롭게 하나니,
능히 보살들로 하여금 아뇩다라삼먁삼보리에 이르게 하느니라.
그러므로 모든 보살마하살들은 여래가 열반한 뒤에,

상	응	수	지	독	송		해	설	서
常	應	受	持	讀	誦		解	說	書
항상상	응당히응	받을수	가질지	읽을독	외울송		풀해	말씀설	쓸서

사	시	경		이	시	세	존		욕
寫	是	經		爾	時	世	尊		欲
베낄사	이시	경경		그이	때시	세상세	높을존		하고자할욕

중	선	차	의		이	설	게	언
重	宣	此	義		而	說	偈	言
거듭할중	베풀선	이차	의미의		말이을이	말씀설	게송게	말씀언

과	거	유	불		호	위	음	왕
過	去	有	佛		號	威	音	王
지날과	갈거	있을유	부처불		이름호	위엄위	소리음	임금왕

신	지	무	량		장	도	일	체
神	智	無	量		將	導	一	切
신통할신	슬기지	없을무	헤아릴량		거느릴장	이끌도	한일	모두체

언제나 이 법화경을 수지하여 읽고 외우며 해설하고 베껴 써야 하느니라."
그때 세존께서 거듭 의미를 표현하시고자 게송으로 말씀하셨다.
　　　지난 과거 세상에 계셨던 위음왕 부처님께서
　　　한량없는 신통력과 지혜로 일체 중생들 인도하셨거늘,

천	인	용	신		소	공	공	양
天	人	龍	神		所	共	供	養
하늘 천	사람 인	용 용	귀신 신		바 소	함께 공	이바지할 공	기를 양

시	불	멸	후		법	욕	진	시
是	佛	滅	後		法	欲	盡	時
이 시	부처 불	멸할 멸	뒤 후		법 법	하고자할 욕	다할 진	때 시

유	일	보	살		명	상	불	경
有	一	菩	薩		名	常	不	輕
있을 유	한 일	보리 보	보살 살		이름 명	항상 상	아닐 불	가벼울 경

시	제	사	중		계	착	어	법
時	諸	四	衆		計	著	於	法
때 시	모든 제	넉 사	무리 중		계교할 계	붙일 착	어조사 어	법 법

불	경	보	살		왕	도	기	소
不	輕	菩	薩		往	到	其	所
아닐 불	가벼울 경	보리 보	보살 살		갈 왕	이를 도	그 기	곳 소

하늘천신과 사람·용과 귀신들 모두 함께 공양 올렸나니 그 부처님 열반하신 후
정법이 다할 즈음에 상불경이라는 보살 한 분이 있었느니라.
당시 모든 사부대중들 꼬치꼬치 따지며 법에 집착하자
상불경보살이 그들 있는 처소로 가서

이	어	지	언		아	불	경	여
而	語	之	言		我	不	輕	汝
말이을 이	말씀 어	어조사 지	말씀 언		나 아	아닐 불	가벼울 경	너 여

여	등	행	도		개	당	작	불
汝	等	行	道		皆	當	作	佛
너 여	무리 등	행할 행	길 도		다 개	마땅히 당	지을 작	부처 불

제	인	문	이		경	훼	매	리
諸	人	聞	已		輕	毀	罵	詈
모든 제	사람 인	들을 문	마칠 이		가벼울 경	헐 훼	욕할 매	꾸짖을 리

불	경	보	살		능	인	수	지
不	輕	菩	薩		能	忍	受	之
아닐 불	가벼울 경	보리 보	보살 살		능할 능	참을 인	받을 수	어조사 지

기	죄	필	이		임	명	종	시
其	罪	畢	已		臨	命	終	時
그 기	허물 죄	마칠 필	마칠 이		임할 임	목숨 명	마칠 종	때 시

> 넌지시 그들에게 말하기를, '저는 여러분을 가벼이 여기지 않습니다.
> 왜냐하면 여러분은 도를 닦아서 모두 반드시 성불하실 분이기 때문입니다.'
> 모든 사람들이 그 말을 듣고 업신여기며 욕하고 꾸짖어도 상불경보살은
> 능히 잘 참고 받아들이더니, 그가 숙세의 죄보를 마치고 목숨이 다할 무렵에

득	문	차	경		육	근	청	정
得	聞	此	經		六	根	淸	淨
얻을 득	들을 문	이 차	경 경		여섯 육	뿌리 근	맑을 청	깨끗할 정

신	통	력	고		증	익	수	명
神	通	力	故		增	益	壽	命
신통할 신	통할 통	힘 력	연고 고		더할 증	더할 익	목숨 수	목숨 명

부	위	제	인		광	설	시	경
復	爲	諸	人		廣	說	是	經
다시 부	위할 위	모든 제	사람 인		넓을 광	말씀 설	이 시	경 경

제	착	법	중		개	몽	보	살
諸	著	法	衆		皆	蒙	菩	薩
모든 제	붙일 착	법 법	무리 중		다 개	입을 몽	보리 보	보살 살

교	화	성	취		영	주	불	도
敎	化	成	就		令	住	佛	道
가르칠 교	화할 화	이룰 성	이룰 취		하여금 영	머물 주	부처 불	길 도

이 법화경을 듣고는 육근이 모두 청정해졌느니라.
게다가 신통력 덕분에 수명까지 늘어나 다시 여러 사람들을 위해
널리 이 경전을 연설했나니, 법에 집착했던 많은 무리들
상불경보살이 다 교화하고 성취시켜 그들 모두 불도에 머무르게 하였느니라.

불	경	명	종		치	무	수	불
不	輕	命	終		値	無	數	佛
아닐 불	가벼울 경	목숨 명	마칠 종		만날 치	없을 무	셀 수	부처 불

설	시	경	고		득	무	량	복
說	是	經	故		得	無	量	福
말씀 설	이 시	경 경	연고 고		얻을 득	없을 무	헤아릴 량	복 복

점	구	공	덕		질	성	불	도
漸	具	功	德		疾	成	佛	道
점점 점	갖출 구	공 공	덕 덕		빠를 질	이룰 성	부처 불	길 도

피	시	불	경		즉	아	신	시
彼	時	不	輕		則	我	身	是
저 피	때 시	아닐 불	가벼울 경		곧 즉	나 아	몸 신	이 시

시	사	부	중		착	법	지	자
時	四	部	衆		著	法	之	者
때 시	넉 사	나눌 부	무리 중		붙일 착	법 법	어조사 지	놈 자

상불경보살은 목숨을 마치자 무수한 부처님들을 친견하게 되었고
이 경전을 연설한 덕분에 한량없는 복을 받아 점점 공덕을 갖추어
빨리 불도를 이루었느니라. 당시의 상불경보살은 바로 나였으며
그때 사부대중으로서 법에 집착했던 자들은

문	불	경	언		여	당	작	불
聞	不	輕	言		汝	當	作	佛
들을 문	아닐 불	가벼울 경	말씀 언		너 여	마땅히 당	지을 작	부처 불

이	시	인	연		치	무	수	불
以	是	因	緣		値	無	數	佛
써 이	이 시	인할 인	인연 연		만날 치	없을 무	셀 수	부처 불

차	회	보	살		오	백	지	중
此	會	菩	薩		五	百	之	衆
이 차	모임 회	보리 보	보살 살		다섯 오	일백 백	어조사 지	무리 중

병	급	사	부		청	신	사	녀
幷	及	四	部		淸	信	士	女
아우를 병	및 급	넉 사	나눌 부		맑을 청	믿을 신	선비 사	여자 녀

금	어	아	전		청	법	자	시
今	於	我	前		聽	法	者	是
이제 금	어조사 어	나 아	앞 전		들을 청	법 법	놈 자	이 시

상불경보살로부터 성불할 것이라는 말을 듣고는
그 인연으로 수없이 많은 부처님들을 친견했나니,
바로 이 법회에 있는 오백 명의 보살들과 아울러 지금 내 앞에서
법을 듣고 있는 사부대중 청신사·청신녀들이 바로 그들이었느니라.

아	어	전	세		권	시	제	인
我	於	前	世		勸	是	諸	人
나 아	어조사 어	앞 전	세상 세		권할 권	이 시	모든 제	사람 인

청	수	사	경		제	일	지	법
聽	受	斯	經		第	一	之	法
들을 청	받을 수	이 사	경 경		차례 제	한 일	어조사 지	법 법

개	시	교	인		영	주	열	반
開	示	敎	人		令	住	涅	槃
열 개	보일 시	가르칠 교	사람 인		하여금 영	머물 주	개흙 열	쟁반 반

세	세	수	지		여	시	경	전
世	世	受	持		如	是	經	典
세상 세	세상 세	받을 수	가질 지		같을 여	이 시	경 경	법 전

억	억	만	겁		지	불	가	의
億	億	萬	劫		至	不	可	議
억 억	억 억	일만 만	겁 겁		이를 지	아닐 불	가히 가	의논할 의

> 나는 지난 세상 이 모든 사람들에게 법화경 제일 으뜸가는 법을
> 듣도록 권했으며, 법을 열어 보이고 가르쳐서 열반에 머물게 했고
> 세세생생 이와 같은 경전을 수지하게 하였느니라.
> 기나긴 억억만 겁 불가사의한 세월이 흐른 다음

시	내	득	문		시	법	화	경
時	乃	得	聞		是	法	華	經
때 시	이에 내	얻을 득	들을 문		이 시	법 법	꽃 화	경 경

억	억	만	겁		지	불	가	의
億	億	萬	劫		至	不	可	議
억 억	억 억	일만 만	겁 겁		이를 지	아닐 불	가히 가	의논할 의

제	불	세	존		시	설	시	경
諸	佛	世	尊		時	說	是	經
모든 제	부처 불	세상 세	높을 존		때 시	말씀 설	이 시	경 경

시	고	행	자		어	불	멸	후
是	故	行	者		於	佛	滅	後
이 시	연고 고	행할 행	놈 자		어조사 어	부처 불	멸할 멸	뒤 후

문	여	시	경		물	생	의	혹
聞	如	是	經		勿	生	疑	惑
들을 문	같을 여	이 시	경 경		말 물	날 생	의심할 의	미혹할 혹

비로소 때가 되어야 이 법화경을 들을 수 있고,
기나긴 억억만 겁 불가사의한 세월이 흐른 다음 모든 부처님 세존께서도
때가 되어야만 이 법화경을 설하시나니, 그러므로 수행하는 사람이
부처님 열반하신 뒤에 이와 같은 경을 듣게 되거든 삼가 의심하지 말고,

응	당	일	심		광	설	차	경	
應	當	一	心		廣	說	此	經	
응당히 응	마땅히 당	한 일	마음 심		넓을 광	말씀 설	이 차	경 경	

세	세	치	불		질	성	불	도	
世	世	値	佛		疾	成	佛	道	
세상 세	세상 세	만날 치	부처 불		빠를 질	이룰 성	부처 불	길 도	

부디 일심으로
널리 이 경을 연설하여
세세생생 부처님을 만나
빨리 불도를 이루도록 하여라.

제20 상불경보살품

제	이	십	일		여	래	신	력	품
第	二	十	一		如	來	神	力	品
차례 제	두 이	열 십	한 일		같을 여	올 래	신통할 신	힘 력	가지 품

이	시		천	세	계	미	진	등	
爾	時		千	世	界	微	塵	等	
그 이	때 시		일천 천	세상 세	지경 계	작을 미	티끌 진	같을 등	

보	살	마	하	살		종	지	용	출
菩	薩	摩	訶	薩		從	地	涌	出
보리 보	보살 살	갈 마	꾸짖을 가(하)	보살 살		좇을 종	땅 지	솟을 용	날 출

자		개	어	불	전		일	심	합
者		皆	於	佛	前		一	心	合
놈 자		다 개	어조사 어	부처 불	앞 전		한 일	마음 심	합할 합

장		첨	앙	존	안		이	백	불
掌		瞻	仰	尊	顏		而	白	佛
손바닥 장		볼 첨	우러를 앙	높을 존	얼굴 안		말 이을 이	사뢸 백	부처 불

제21 여래신력품
그때 땅 밑에서 솟아올라온 천 세계의 티끌수처럼 수많은
보살마하살들이 모두 부처님 앞에서 일심으로 합장한 채,
부처님의 거룩하신 얼굴을 우러러보며 사뢰었다.

언	세	존		아	등		어	불
言	世	尊		我	等		於	佛
말씀 언	세상 세	높을 존		나 아	무리 등		어조사 어	부처 불

멸	후	세	존	분	신		소	재
滅	後	世	尊	分	身		所	在
멸할 멸	뒤 후	세상 세	높을 존	나눌 분	몸 신		바 소	있을 재

국	토		멸	도	지	처	당	광
國	土		滅	度	之	處	當	廣
나라 국	흙 토		멸할 멸	건널 도	어조사 지	곳 처	마땅히 당	넓을 광

설	차	경		소	이	자	하	아
說	此	經		所	以	者	何	我
말씀 설	이 차	경 경		바 소	써 이	놈 자	어찌 하	나 아

등		역	자	욕	득		시	진	정
等		亦	自	欲	得		是	眞	淨
무리 등		또 역	스스로 자	하고자할 욕	얻을 득		이 시	참 진	깨끗할 정

"세존이시여! 저희들은 부처님께서 열반하신 뒤
세존의 분신부처님들 계시는 여러 나라들과 그 분신 부처님들 열반지에서도
마땅히 이 법화경을 널리 설하겠나이다.
왜냐하면 저희들 역시 직접 이 진실하고 청정한

대	법		수	지	독	송		해	설
大	法		受	持	讀	誦		解	說
큰 대	법 법		받을 수	가질 지	읽을 독	외울 송		풀 해	말씀 설

서	사		이	공	양	지		이	시
書	寫		而	供	養	之		爾	時
쓸 서	베낄 사		말 이을 이	이바지할 공	기를 양	어조사 지		그 이	때 시

세	존		어	문	수	사	리	등
世	尊		於	文	殊	師	利	等
세상 세	높을 존		어조사 어	글월 문	뛰어날 수	스승 사	이로울 리	무리 등

무	량	백	천	만	억		구	주	사
無	量	百	千	萬	億		舊	住	娑
없을 무	헤아릴 량	일백 백	일천 천	일만 만	억 억		옛 구	머물 주	춤출 사

바	세	계		보	살	마	하	살
婆	世	界		菩	薩	摩	訶	薩
할미 파(바)	세상 세	지경 계		보리 보	보살 살	갈 마	꾸짖을 가(하)	보살 살

큰 법을 얻어, 수지하여 읽고 외우며 해설하고
베껴 써서 경전에 공양하고 싶기 때문입니다."
그때 세존께서는 문수사리보살 등 옛적부터 사바세계에 머물렀던
한량없는 백천만억 보살마하살들과

급	제	비	구	비	구	니		우	바
及	諸	比	丘	比	丘	尼		優	婆
및 급	모든 제	견줄 비	언덕 구	견줄 비	언덕 구	여승 니		넉넉할 우	할미 파(바)

새	우	바	이		천	룡	야	차	
塞	優	婆	夷		天	龍	夜	叉	
변방 새	넉넉할 우	할미 파(바)	오랑캐 이		하늘 천	용 룡	밤 야	깍지낄 차	

건	달	바	아	수	라		가	루	라
乾	闥	婆	阿	修	羅		迦	樓	羅
하늘 건	대궐문 달	할미 파(바)	언덕 아	닦을 수	새그물 라		막을 가	다락 루	새그물 라

긴	나	라		마	후	라	가		인
緊	那	羅		摩	睺	羅	伽		人
긴할 긴	어찌 나	새그물 라		갈 마	애꾸눈 후	새그물 라	절 가		사람 인

비	인	등		일	체	중	전		현
非	人	等		一	切	衆	前		現
아닐 비	사람 인	무리 등		한 일	모두 체	무리 중	앞 전		나타날 현

모든 비구·비구니·우바새·우바이들,
그리고 하늘천신·용·야차와 건달바·
아수라·가루라·긴나라·마후라가 같이
사람인 듯하면서 아닌 일체 대중들 앞에서

대	신	력		출	광	장	설		상
大	神	力		出	廣	長	舌		上
큰 대	신통할 신	힘 력		날 출	넓을 광	길 장	혀 설		위 상

지	범	세		일	체	모	공		방
至	梵	世		一	切	毛	孔		放
이를 지	하늘 범	세상 세		한 일	모두 체	털 모	구멍 공		놓을 방

어	무	량	무	수	색	광		개	실
於	無	量	無	數	色	光		皆	悉
어조사 어	없을 무	헤아릴 량	없을 무	셀 수	빛 색	빛 광		다 개	다 실

변	조		시	방	세	계		중	보
遍	照		十	方	世	界		衆	寶
두루 편(변)	비출 조		열 십(시)	방위 방	세상 세	지경 계		무리 중	보배 보

수	하		사	자	좌	상	제	불
樹	下		師	子	座	上	諸	佛
나무 수	아래 하		스승 사	아들 자	자리 좌	위 상	모든 제	부처 불

큰 신통력을 나타내셨다.
즉 넓고 긴 혀를 내시어 위로 범천의 하늘나라에까지 닿게 하셨고,
모든 털구멍마다 형형색색의 무량무수한 광명을 놓으사 시방세계들을 두루 비추셨다.
그러자 많은 보배나무 밑 사자좌 위의 모든 분신부처님들도

역	부	여	시		출	광	장	설
亦	復	如	是		出	廣	長	舌
또 역	다시 부	같을 여	이 시		날 출	넓을 광	길 장	혀 설

방	무	량	광		석	가	모	니	불
放	無	量	光		釋	迦	牟	尼	佛
놓을 방	없을 무	헤아릴 량	빛 광		풀 석	막을 가	소우는소리 모	여승 니	부처 불

급	보	수	하	제	불		현	신	력
及	寶	樹	下	諸	佛		現	神	力
및 급	보배 보	나무 수	아래 하	모든 제	부처 불		나타날 현	신통할 신	힘 력

시		만	백	천	세		연	후
時		滿	百	千	歲		然	後
때 시		찰 만	일백 백	일천 천	해 세		그러할 연	뒤 후

환	섭	설	상		일	시	경	해
還	攝	舌	相		一	時	謦	欬
돌아올 환	거둘 섭	혀 설	모양 상		한 일	때 시	기침 경	기침 해

그와 같이 넓고 긴 혀를 내시면서 한량없는 광명을 찬란히 비추셨다.
석가모니 부처님과 보배나무 아래 분신부처님들께서 신통력을 나타내신 지
백천 년이 지난 다음에서야 도로 그 혀를 거두시었다.
그리고 일시에 큰 기침소리를 내시면서

제21 여래신력품

구	공	탄	지		시	이	음	성
俱	共	彈	指		是	二	音	聲
함께 구	함께 공	튕길 탄	손가락 지		이 시	두 이	소리 음	소리 성

변	지	시	방		제	불	세	계
遍	至	十	方		諸	佛	世	界
두루 편(변)	이를 지	열 십(시)	방위 방		모든 제	부처 불	세상 세	지경 계

지	개	육	종	진	동		기	중	중
地	皆	六	種	震	動		其	中	衆
땅 지	다 개	여섯 육	종류 종	진동할 진	움직일 동		그 기	가운데 중	무리 중

생		천	룡	야	차		건	달	바
生		天	龍	夜	叉		乾	闥	婆
날 생		하늘 천	용 룡	밤 야	깍지 낄 차		하늘 건	대궐문 달	할미 파(바)

아	수	라		가	루	라	긴	나	라
阿	修	羅		迦	樓	羅	緊	那	羅
언덕 아	닦을 수	새그물 라		막을 가	다락 루	새그물 라	긴할 긴	어찌 나	새그물 라

함께 손가락을 튕기셨다. 그 두 가지 소리가 시방의
모든 부처님들 세계에 울리자, 땅도 모두 여섯 가지로 진동하며 움직였다.
이윽고 그 시방세계에 있던 중생들,
곧 하늘천신·용·야차와 건달바·아수라·가루라·긴나라·

마	후	라	가		인	비	인	등
摩	睺	羅	伽		人	非	人	等
갈 마	애꾸눈 후	새그물 라	절 가		사람 인	아닐 비	사람 인	무리 등

이	불	신	력	고		개	견	차	사
以	佛	神	力	故		皆	見	此	娑
써 이	부처 불	신통할 신	힘 력	연고 고		다 개	볼 견	이 차	춤출 사

바	세	계		무	량	무	변		백
婆	世	界		無	量	無	邊		百
할미 파(바)	세상 세	지경 계		없을 무	헤아릴 량	없을 무	가 변		일백 백

천	만	억		중	보	수	하		사
千	萬	億		衆	寶	樹	下		師
일천 천	일만 만	억 억		무리 중	보배 보	나무 수	아래 하		스승 사

자	좌	상	제	불		급	견	석	가
子	座	上	諸	佛		及	見	釋	迦
아들 자	자리 좌	위 상	모든 제	부처 불		및 급	볼 견	풀 석	막을 가

마후라가 같이 사람인 듯하면서 아닌 이들이
부처님 신통력으로 죄다 거기에서 이 사바세계를 보게 되었다.
그래서 한량없고 끝없는 백천만억 여러 보배나무 아래
사자좌 위에 앉아 계신 분신부처님들을 보았고, 석가모니 부처님께서

모	니	불		공	다	보	여	래
牟	尼	佛		共	多	寶	如	來
소우는소리모	여승 니	부처 불		함께 공	많을 다	보배 보	같을 여	올 래

재	보	탑	중		좌	사	자	좌
在	寶	塔	中		坐	師	子	座
있을 재	보배 보	탑 탑	가운데 중		앉을 좌	스승 사	아들 자	자리 좌

우	견	무	량	무	변		백	천	만
又	見	無	量	無	邊		百	千	萬
또 우	볼 견	없을 무	헤아릴 량	없을 무	가 변		일백 백	일천 천	일만 만

억		보	살	마	하	살		급	제
億		菩	薩	摩	訶	薩		及	諸
억 억		보리 보	보살 살	갈 마	꾸짖을 가(하)	보살 살		및 급	모든 제

사	중		공	경	위	요		석	가
四	衆		恭	敬	圍	繞		釋	迦
넉 사	무리 중		공손할 공	공경할 경	두를 위	두를 요		풀 석	막을 가

다보여래와 함께 보배탑 속의 사자좌 위에 앉아 계신 것을 보았다.
또 한량없고 끝없는 백천만억의 보살마하살들과
여러 사부대중들이 공경하며
석가모니 부처님을 둘러싸고 있는 것을 보았다.

모	니	불		기	견	시	이		개
牟	尼	佛		旣	見	是	已		皆
소우는소리모	여승 니	부처 불		이미 기	볼 견	이 시	마칠 이		다 개

대	환	희		득	미	증	유		즉
大	歡	喜		得	未	曾	有		卽
큰 대	기쁠 환	기쁠 희		얻을 득	아닐 미	일찍 증	있을 유		곧 즉

시	제	천		어	허	공	중		고
時	諸	天		於	虛	空	中		高
때 시	모든 제	하늘 천		어조사 어	빌 허	빌 공	가운데 중		높을 고

성	창	언		과	차	무	량	무	변
聲	唱	言		過	此	無	量	無	邊
소리 성	부를 창	말씀 언		지날 과	이 차	없을 무	헤아릴 량	없을 무	가 변

백	천	만	억		아	승	기	세	계
百	千	萬	億		阿	僧	祇	世	界
일백 백	일천 천	일만 만	억 억		언덕 아	중 승	토지신 기	세상 세	지경 계

이런 거룩한 광경을 보고 난 시방세계의 중생들은
모두 크게 환희하여 일찍이 없던 희유함을 느꼈다.
마침 그때 모든 하늘천신들이 허공 가운데에서 큰 소리로 외쳤다.
"이곳으로부터 백천만억 한량없고 끝없는 아승기의 수많은 세계들을 지나서

유	국	명	사	바		시	중	유	불
有	國	名	娑	婆		是	中	有	佛
있을 유	나라 국	이름 명	춤출 사	할미 파(바)		이 시	가운데 중	있을 유	부처 불

명	석	가	모	니		금	위	제	보
名	釋	迦	牟	尼		今	爲	諸	菩
이름 명	풀 석	막을 가	소우는소리 모	여승 니		이제 금	위할 위	모든 제	보리 보

살	마	하	살		설	대	승	경
薩	摩	訶	薩		說	大	乘	經
보살 살	갈 마	꾸짖을 가(하)	보살 살		말씀 설	큰 대	탈 승	경 경

명	묘	법	연	화		교	보	살	법
名	妙	法	蓮	華		敎	菩	薩	法
이름 명	묘할 묘	법 법	연꽃 연	꽃 화		가르칠 교	보리 보	보살 살	법 법

불	소	호	념		여	등		당	심
佛	所	護	念		汝	等		當	深
부처 불	바 소	보호할 호	생각할 념		너 여	무리 등		마땅히 당	깊을 심

사바세계가 있는데, 그곳에 석가모니 부처님께서 계시느니라.
지금 그 부처님께서 모든 보살마하살들을 위하여 대승경을 설하시고 계시니,
바로 묘법연화경이니라. 보살을 가르치는 법이며
부처님들께서 호념하시는 경전이니라. 그러니 너희들도 마땅히

심	수	희		역	당	예	배	공	양
心	隨	喜		亦	當	禮	拜	供	養
마음 심	따를 수	기쁠 희		또 역	마땅히 당	예도 예	절 배	이바지할 공	기를 양

석	가	모	니	불		피	제	중	생
釋	迦	牟	尼	佛		彼	諸	衆	生
풀 석	막을 가	소우는소리 모	여승 니	부처 불		저 피	모든 제	무리 중	날 생

문	허	공	중	성	이		합	장	향
聞	虛	空	中	聲	已		合	掌	向
들을 문	빌 허	빌 공	가운데 중	소리 성	마칠 이		합할 합	손바닥 장	향할 향

사	바	세	계		작	여	시	언	
娑	婆	世	界		作	如	是	言	
춤출 사	할미 파(바)	세상 세	지경 계		지을 작	같을 여	이 시	말씀 언	

나	무	석	가	모	니	불		나	무
南	無	釋	迦	牟	尼	佛		南	無
남녘 남(나)	없을 무	풀 석	막을 가	소우는소리 모	여승 니	부처 불		남녘 남(나)	없을 무

마음속 깊이 따라 기뻐하며, 석가모니 부처님께 예배드리고 공양하도록 하여라."
시방세계의 모든 중생들은 공중에서 나는 소리를 듣자,
합장하고 사바세계를 향하여 이렇게 말하였다.
"나무 석가모니불…

석	가	모	니	불		이	종	종	화
釋	迦	牟	尼	佛		以	種	種	華
풀 석	막을 가	소우는소리 모	여승 니	부처 불		써 이	종류 종	종류 종	꽃 화

향		영	락	번	개		급	제	엄
香		瓔	珞	幡	蓋		及	諸	嚴
향기 향		구슬목걸이 영	구슬목걸이 락	기 번	덮개 개		및 급	모든 제	엄할 엄

신	지	구		진	보	묘	물		개
身	之	具		珍	寶	妙	物		皆
몸 신	어조사 지	갖출 구		보배 진	보배 보	묘할 묘	만물 물		다 개

공	요	산		사	바	세	계		소
共	遙	散		娑	婆	世	界		所
함께 공	멀 요	흩을 산		춤출 사	할미 파(바)	세상 세	지경 계		바 소

산	제	물		종	시	방	래		비
散	諸	物		從	十	方	來		譬
흩을 산	모든 제	만물 물		좇을 종	열 십(시)	방위 방	올 래		비유할 비

나무 석가모니불……"
그와 동시에 여러 가지 꽃·향·영락·깃발·일산 그리고 온갖 장식품들과
진귀한 보배와 기묘한 물건들을 멀리서 사바세계를 향하여 정성껏 던졌다.
시방에서 날아든 각종 공양물들은

여	운	집		변	성	보	장		변
如	雲	集		變	成	寶	帳		遍
같을 여	구름 운	모일 집		변할 변	이룰 성	보배 보	휘장 장		두루 편(변)

부	차	간		제	불	지	상		우
覆	此	間		諸	佛	之	上		于
덮을 부	이 차	사이 간		모든 제	부처 불	어조사 지	위 상		어조사 우

시		시	방	세	계		통	달	무
時		十	方	世	界		通	達	無
때 시		열 십(시)	방위 방	세상 세	지경 계		통할 통	통달할 달	없을 무

애		여	일	불	토		이	시	
礙		如	一	佛	土		爾	時	
거리낄 애		같을 여	한 일	부처 불	흙 토		그 이	때 시	

불	고	상	행	등		보	살	대	중
佛	告	上	行	等		菩	薩	大	衆
부처 불	알릴 고	위 상	행할 행	무리 등		보리 보	보살 살	큰 대	무리 중

마치 구름이 한꺼번에 우르르 몰려오는 듯싶더니만,
아름다운 보배휘장으로 바뀌어 사바세계의 모든 부처님들 머리 위를 장식하였다.
그러자 시방세계 전체가 툭 트이고 걸림이 없어져서 하나의 불국토로 변했다.
그때 석가모니 부처님께서 상행보살을 비롯한 여러 보살대중들에게 이르시었다.

제	불	신	력		여	시	무	량	무
諸	佛	神	力		如	是	無	量	無
모든 제	부처 불	신통할 신	힘 력		같을 여	이 시	없을 무	헤아릴 량	없을 무

변		불	가	사	의		약	아	이
邊		不	可	思	議		若	我	以
가 변		아닐 불	가히 가	생각할 사	의논할 의		만약 약	나 아	써 이

시	신	력			어	무	량	무	변
是	神	力			於	無	量	無	邊
이 시	신통할 신	힘 력			어조사 어	없을 무	헤아릴 량	없을 무	가 변

백	천	만	억		아	승	기	겁	
百	千	萬	億		阿	僧	祇	劫	
일백 백	일천 천	일만 만	억 억		언덕 아	중 승	토지신 기	겁 겁	

위	촉	루	고		설	차	경	공	덕
爲	囑	累	故		說	此	經	功	德
위할 위	부탁할 촉	여러 루	연고 고		말씀 설	이 차	경 경	공 공	덕 덕

"모든 부처님들의 신통력은 이와 같이 한량없고 끝이 없으며
가히 생각으로 헤아릴 수가 없느니라. 하지만 내가 아무리 큰 신통력으로써
무량무변 백천만억 아승기 겁의 오랜 세월 동안 경전을 부촉하기 위해,
이 경전의 공덕을 말한다 할지라도

유	불	능	진		이	요	언	지	
猶	不	能	盡		以	要	言	之	
오히려 유	아닐 불	능할 능	다할 진		써 이	중요할 요	말씀 언	어조사 지	

여	래	일	체		소	유	지	법	
如	來	一	切		所	有	之	法	
같을 여	올 래	한 일	모두 체		바 소	있을 유	어조사 지	법 법	

여	래	일	체		자	재	신	력	
如	來	一	切		自	在	神	力	
같을 여	올 래	한 일	모두 체		스스로 자	있을 재	신통할 신	힘 력	

여	래	일	체		비	요	지	장	
如	來	一	切		秘	要	之	藏	
같을 여	올 래	한 일	모두 체		숨길 비	중요할 요	어조사 지	곳간 장	

여	래	일	체		심	심	지	사	
如	來	一	切		甚	深	之	事	
같을 여	올 래	한 일	모두 체		심할 심	깊을 심	어조사 지	일 사	

오히려 다 말할 수 없으리라.
요약해서 말하자면, 여래가 체득한 모든 가르침과
자유자재한 온갖 신통력, 여래의 요긴하고 비밀한
일체 법장과 깊고 심오한 모든 일들을

제21 여래신력품

개	어	차	경		선	시	현	설
皆	於	此	經		宣	示	顯	說
다 개	어조사 어	이 차	경 경		베풀 선	보일 시	나타날 현	말씀 설

시	고	여	등		어	여	래	멸	후
是	故	汝	等		於	如	來	滅	後
이 시	연고 고	너 여	무리 등		어조사 어	같을 여	올 래	멸할 멸	뒤 후

응	일	심		수	지	독	송		해
應	一	心		受	持	讀	誦		解
응당히 응	한 일	마음 심		받을 수	가질 지	읽을 독	외울 송		풀 해

설	서	사		여	설	수	행		소
說	書	寫		如	說	修	行		所
말씀 설	쓸 서	베낄 사		같을 여	말씀 설	닦을 수	행할 행		바 소

재	국	토		약	유	수	지	독	송
在	國	土		若	有	受	持	讀	誦
있을 재	나라 국	흙 토		만약 약	있을 유	받을 수	가질 지	읽을 독	외울 송

전부 이 법화경에서 펴 보이고 밝혀서 설명하고 있느니라.
그러므로 그대들은 여래가 열반한 뒤에 응당 일심으로 이 경을 수지하여
읽고 외우며 해설하고 베껴 쓸 뿐더러, 경의 말씀대로 똑같이 수행해야 하느니라.
그리고 어느 나라에서든 만일 이 경을 수지하여 읽고 외우며

해	설	서	사		여	설	수	행
解	說	書	寫		如	說	修	行
풀 해	말씀 설	쓸 서	베낄 사		같을 여	말씀 설	닦을 수	행할 행

약	경	권		소	주	지	처	약
若	經	卷		所	住	之	處	若
만약 약	경 경	책 권		바 소	머물 주	어조사 지	곳 처	만약 약

어	원	중		약	어	림	중	약
於	園	中		若	於	林	中	若
어조사 어	동산 원	가운데 중		만약 약	어조사 어	수풀 림	가운데 중	만약 약

어	수	하		약	어	승	방	약
於	樹	下		若	於	僧	坊	若
어조사 어	나무 수	아래 하		만약 약	어조사 어	중 승	절 방	만약 약

백	의	사		약	재	전	당	약
白	衣	舍		若	在	殿	堂	若
흰 백	옷 의	집 사		만약 약	있을 재	궁전 전	집 당	만약 약

해설하고 베껴 쓰고 또 경의 말씀대로
수행하는 이가 있거나 경책이 있는 곳이라면,
동산이든 숲 속이든 나무 아래든
혹은 절이든 속가집이든 대궐이든

산	곡	광	야		시	중		개	응
山	谷	曠	野		是	中		皆	應
뫼 산	골 곡	멀 광	들 야		이 시	가운데 중		다 개	응당히 응

기	탑	공	양		소	이	자	하
起	塔	供	養		所	以	者	何
일어날 기	탑 탑	이바지할 공	기를 양		바 소	써 이	놈 자	어찌 하

당	지	시	처		즉	시	도	량
當	知	是	處		卽	是	道	場
마땅히 당	알 지	이 시	곳 처		곧 즉	이 시	길 도	마당 장(량)

제	불	어	차		득	아	뇩	다	라
諸	佛	於	此		得	阿	耨	多	羅
모든 제	부처 불	어조사 어	이 차		얻을 득	언덕 아	김맬 누(뇩)	많을 다	새그물 라

삼	막	삼	보	리		제	불	어	차
三	藐	三	菩	提		諸	佛	於	此
석 삼	아득할 막(먁)	석 삼	보리 보	끝 제(리)		모든 제	부처 불	어조사 어	이 차

산골짜기이든 넓은 들판이든 상관없이 그곳에 모두
탑을 세워 공양해야 하느니라. 왜냐하면 마땅히 잘 명심할지니,
그곳이 바로 도를 닦는 도량이기 때문이니라.
즉 모든 부처님들께서 그곳에서 아뇩다라삼먁삼보리를 얻으시고, 그곳에서

전	우	법	륜		제	불	어	차
轉	于	法	輪		諸	佛	於	此
구를 전	어조사 우	법 법	바퀴 륜		모든 제	부처 불	어조사 어	이 차

이	반	열	반		이	시	세	존
而	般	涅	槃		爾	時	世	尊
말이을 이	돌 반	개흙 열	쟁반 반		그 이	때 시	세상 세	높을 존

욕	중	선	차	의	이	설	게	언
欲	重	宣	此	義	而	說	偈	言
하고자할 욕	거듭할 중	베풀 선	이 차	의미 의	말이을 이	말씀 설	게송 게	말씀 언

제	불	구	세	자	주	어	대	신
諸	佛	救	世	者	住	於	大	神
모든 제	부처 불	건질 구	세상 세	놈 자	머물 주	어조사 어	큰 대	신통할 신

통	위	열	중	생	고		현	무
通	爲	悅	衆	生	故		現	無
통할 통	위할 위	기쁠 열	무리 중	날 생	연고 고		나타날 현	없을 무

법륜을 굴리시며 또 그곳에서 열반에 드시기 때문이니라."
그때 세존께서 거듭 의미를 표현하시고자 게송으로 말씀하셨다.
　　　세상을 구원하시는 모든 부처님들께서
　　　큰 신통력에 머무르사 중생들 기쁘게 하시려고

량	신	력		설	상	지	범	천	
量	神	力		舌	相	至	梵	天	
헤아릴 량	신통할 신	힘 력		혀 설	모양 상	이를 지	하늘 범	하늘 천	

신	방	무	수	광		위	구	불	도
身	放	無	數	光		爲	求	佛	道
몸 신	놓을 방	없을 무	셀 수	빛 광		위할 위	구할 구	부처 불	길 도

자		현	차	희	유	사		제	불
者		現	此	希	有	事		諸	佛
놈 자		나타날 현	이 차	드물 희	있을 유	일 사		모든 제	부처 불

경	해	성		급	탄	지	지	성	
謦	欬	聲		及	彈	指	之	聲	
기침 경	기침 해	소리 성		및 급	튕길 탄	손가락 지	어조사 지	소리 성	

주	문	시	방	국		지	개	육	종
周	聞	十	方	國		地	皆	六	種
두루 주	들을 문	열 십(시)	방위 방	나라 국		땅 지	다 개	여섯 육	종류 종

한량없는 신통력 나타내시되, 혀는 하늘나라 범천에까지 이르고 몸에서는
무수한 광명 비추시거늘 불도 구하는 자를 위해서 이 같이 희유한 일 나타내도다.
모든 부처님들의 기침소리와 손가락 튕기는 소리가
온 시방세계에 들리매 땅도 전부 여섯 가지로 진동하나니,

동		이	불	멸	도	후		능	지
動		以	佛	滅	度	後		能	持
움직일 동		써 이	부처 불	멸할 멸	건널 도	뒤 후		능할 능	가질 지

시	경	고		제	불	개	환	희
是	經	故		諸	佛	皆	歡	喜
이 시	경 경	연고 고		모든 제	부처 불	다 개	기쁠 환	기쁠 희

현	무	량	신	력		촉	루	시	경
現	無	量	神	力		囑	累	是	經
나타날 현	없을 무	헤아릴 량	신통할 신	힘 력		부탁할 촉	여러 루	이 시	경 경

고		찬	미	수	지	자		어	무
故		讚	美	受	持	者		於	無
연고 고		칭찬할 찬	아름다울 미	받을 수	가질 지	놈 자		어조사 어	없을 무

량	겁	중		유	고	불	능	진
量	劫	中		猶	故	不	能	盡
헤아릴 량	겁 겁	가운데 중		오히려 유	연고 고	아닐 불	능할 능	다할 진

부처님 열반하신 뒤에도 이 경전 잘 간직하게 하시려고
모든 부처님들께서 환희하시며 한량없는 신통력 나타내시도다.
이 경전 누누이 부촉하기 위하여 경전 수지하는 자를 그토록 찬미하시되
설사 한량없이 오랜 겁 동안 칭찬하더라도 오히려 다할 수 없을 정도이거니,

시	인	지	공	덕		무	변	무	유
是	人	之	功	德		無	邊	無	有
이시	사람인	어조사지	공공	덕덕		없을무	가변	없을무	있을유

궁		여	시	방	허	공		불	가
窮		如	十	方	虛	空		不	可
다할궁		같을여	열십(시)	방위방	빌허	빌공		아닐불	가히가

득	변	제		능	지	시	경	자	
得	邊	際		能	持	是	經	者	
얻을득	가변	가제		능할능	가질지	이시	경경	놈자	

즉	위	이	견	아		역	견	다	보
則	爲	已	見	我		亦	見	多	寶
곧즉	할위	이미이	볼견	나아		또역	볼견	많을다	보배보

불		급	제	분	신	자		우	견
佛		及	諸	分	身	者		又	見
부처불		및급	모든제	나눌분	몸신	놈자		또우	볼견

> 그 사람의 공덕은 끝도 없고 한이 없어서
> 마치 시방의 허공처럼 다함이 없도다.
> 능히 이 법화경 지니는 자는 이미 나를 본 것이나 다름없으며
> 역시 다보불과 모든 분신부처님들 친견한 셈이고

아	금	일		교	화	제	보	살
我	今	日		敎	化	諸	菩	薩
나 아	이제 금	날 일		가르칠 교	화할 화	모든 제	보리 보	보살 살

능	지	시	경	자		영	아	급	분
能	持	是	經	者		令	我	及	分
능할 능	가질 지	이 시	경 경	놈 자		하여금 영	나 아	및 급	나눌 분

신		멸	도	다	보	불		일	체
身		滅	度	多	寶	佛		一	切
몸 신		멸할 멸	건널 도	많을 다	보배 보	부처 불		한 일	모두 체

개	환	희		시	방	현	재	불
皆	歡	喜		十	方	現	在	佛
다 개	기쁠 환	기쁠 희		열 십(시)	방위 방	지금 현	있을 재	부처 불

병	과	거	미	래		역	견	역	공
幷	過	去	未	來		亦	見	亦	供
아우를 병	지날 과	갈 거	아닐 미	올 래		또 역	볼 견	또 역	이바지할 공

> 또 내가 오늘 교화한 많은 보살들도 본 것과 마찬가지로다.
> 능히 이 법화경 지니는 자는 나와 나의 분신부처님들과 옛날에 열반하셨던
> 다보 부처님까지 모두 기쁘게 하는 것일 뿐 아니라, 시방세계 현재의
> 다른 부처님들과 아울러 과거와 미래의 부처님들도 마찬가지로 친견하고 공양하여

양		역	령	득	환	희		제	불
養		亦	令	得	歡	喜		諸	佛
기를 양		또 역	하여금 령	얻을 득	기쁠 환	기쁠 희		모든 제	부처 불

좌	도	량		소	득	비	요	법	
坐	道	場		所	得	秘	要	法	
앉을 좌	길 도	마당 장(량)		바 소	얻을 득	숨길 비	중요할 요	법 법	

능	지	시	경	자		불	구	역	당
能	持	是	經	者		不	久	亦	當
능할 능	가질 지	이 시	경 경	놈 자		아닐 불	오랠 구	또 역	마땅히 당

득		능	지	시	경	자		어	제
得		能	持	是	經	者		於	諸
얻을 득		능할 능	가질 지	이 시	경 경	놈 자		어조사 어	모든 제

법	지	의		명	자	급	언	사	
法	之	義		名	字	及	言	辭	
법 법	어조사 지	의미 의		이름 명	글자 자	및 급	말씀 언	말 사	

모두들 기쁘게 하는 셈이니,
모든 부처님들 도량에 앉아 얻으셨던 요긴하고 비밀한 법을
능히 이 경전 지니는 자는 마땅히 빨리 얻으리라.
이 법화경 수지하는 자는 모든 가르침의 뜻과 이름과 이야기를

요	설	무	궁	진		여	풍	어	공
樂	說	無	窮	盡		如	風	於	空
좋아할 요	말씀 설	없을 무	다할 궁	다할 진		같을 여	바람 풍	어조사 어	빌 공

중		일	체	무	장	애		어	여
中		一	切	無	障	礙		於	如
가운데 중		한 일	모두 체	없을 무	막을 장	거리낄 애		어조사 어	같을 여

래	멸	후		지	불	소	설	경	
來	滅	後		知	佛	所	說	經	
올 래	멸할 멸	뒤 후		알 지	부처 불	바 소	말씀 설	경 경	

인	연	급	차	제		수	의	여	실
因	緣	及	次	第		隨	義	如	實
인할 인	인연 연	및 급	버금 차	차례 제		따를 수	의미 의	같을 여	진실 실

설		여	일	월	광	명		능	제
說		如	日	月	光	明		能	除
말씀 설		같을 여	해 일	달 월	빛 광	밝을 명		능할 능	제할 제

허공 속의 바람이 장애 없이 움직이듯 아주 즐겁게 설명하되
도무지 막힘이 없으며, 부처님 열반하신 뒤에도
부처님께서 설하신 경전의 인연과 차례까지 잘 알아서
뜻에 맞게 여실히 설하리니, 마치 해와 달의 밝은 빛이

제	유	명		사	인	행	세	간
諸	幽	冥		斯	人	行	世	間
모든 제	그윽할 유	어두울 명		이 사	사람 인	행할 행	세상 세	사이 간

능	멸	중	생	암		교	무	량	보
能	滅	眾	生	闇		教	無	量	菩
능할 능	멸할 멸	무리 중	날 생	어두울 암		가르칠 교	없을 무	헤아릴 량	보리 보

살		필	경	주	일	승		시	고
薩		畢	竟	住	一	乘		是	故
보살 살		마칠 필	다할 경	머물 주	한 일	탈 승		이 시	연고 고

유	지	자		문	차	공	덕	리
有	智	者		聞	此	功	德	利
있을 유	슬기 지	놈 자		들을 문	이 차	공 공	덕 덕	이로울 리

어	아	멸	도	후		응	수	지	사
於	我	滅	度	後		應	受	持	斯
어조사 어	나 아	멸할 멸	건널 도	뒤 후		응당히 응	받을 수	가질 지	이 사

능히 어둠을 몰아내듯이 세간에 있으면서 중생들의 어둠을 없애고
많은 보살들 교화하여 마침내 일불승에 머물게 하리라.
그러므로 지혜로운 사람이라면 경전 지니는 공덕과 이익에 대해서 듣고
내 열반한 뒤에도 응당 이 경전을 수지할지니

경		시	인	어	불	도		결	정
經		是	人	於	佛	道		決	定
경경		이시	사람인	어조사 어	부처불	길도		결단할 결	정할 정

무	유	의							
無	有	疑							
없을 무	있을 유	의심할 의							

그 사람은 의심의 여지없이
불도를 성취하리라.

제	이	십	이		촉	루	품	
第	二	十	二		囑	累	品	
차례 제	두 이	열 십	두 이		부탁할 촉	여러 루	가지 품	

이	시		석	가	모	니	불	종
爾	時		釋	迦	牟	尼	佛	從
그 이	때 시		풀 석	막을 가	소우는소리 모	여승 니	부처 불	좇을 종

법	좌	기		현	대	신	력	이
法	座	起		現	大	神	力	以
법 법	자리 좌	일어날 기		나타날 현	큰 대	신통할 신	힘 력	써 이

우	수		마	무	량	보	살	마	하
右	手		摩	無	量	菩	薩	摩	訶
오른쪽 우	손 수		만질 마	없을 무	헤아릴 량	보리 보	보살 살	갈 마	꾸짖을 가(하)

살	정		이	작	시	언		아	어
薩	頂		而	作	是	言		我	於
보살 살	정수리 정		말이을 이	지을 작	이 시	말씀 언		나 아	어조사 어

제22 촉루품
그때 석가모니 부처님께서 법좌로부터 일어나시어
큰 신통력을 나타내셨으니, 곧 오른손으로
한량없는 보살마하살들의 이마를 한꺼번에 만지시며 이렇게 말씀하셨다.

무	량	백	천	만	억		아	승	기
無	量	百	千	萬	億		阿	僧	祇
없을 무	헤아릴 량	일백 백	일천 천	일만 만	억 억		언덕 아	중 승	토지신 기

겁		수	습	시	난	득		아	뇩
劫		修	習	是	難	得		阿	耨
겁 겁		닦을 수	익힐 습	이 시	어려울 난	얻을 득		언덕 아	김맬 누(뇩)

다	라	삼	먁	삼	보	리	법		금
多	羅	三	藐	三	菩	提	法		今
많을 다	새그물 라	석 삼	아득할 막(먁)	석 삼	보리 보	끌 제(리)	법 법		이제 금

이	부	촉	여	등		여	등		응
以	付	囑	汝	等		汝	等		應
써 이	부탁할 부	부탁할 촉	너 여	무리 등		너 여	무리 등		응당히 응

당	일	심		유	포	차	법		광
當	一	心		流	布	此	法		廣
마땅히 당	한 일	마음 심		흐를 유	베풀 포	이 차	법 법		넓을 광

"내가 한량없는 백천만억 아승기 겁의 오랜 세월 동안 닦아 익혔던
이 얻기 어려운 아뇩다라삼먁삼보리의 가르침을
이제 그대들에게 맡기노라.
그러니 그대들은 마땅히 일심으로 이 법을 유포시켜

령	증	익		여	시	삼	마		제
令	增	益		如	是	三	摩		諸
하여금 령	더할 증	더할 익		같을 여	이 시	석 삼	만질 마		모든 제

보	살	마	하	살	정		이	작	시
菩	薩	摩	訶	薩	頂		而	作	是
보리 보	보살 살	갈 마	꾸짖을 가(하)	보살 살	정수리 정		말 이을 이	지을 작	이 시

언		아	어	무	량	백	천	만	억
言		我	於	無	量	百	千	萬	億
말씀 언		나 아	어조사 어	없을 무	헤아릴 량	일백 백	일천 천	일만 만	억 억

아	승	기	겁		수	습	시	난	득
阿	僧	祇	劫		修	習	是	難	得
언덕 아	중 승	토지신 기	겁 겁		닦을 수	익힐 습	이 시	어려울 난	얻을 득

아	뇩	다	라	삼	먁	삼	보	리	법
阿	耨	多	羅	三	藐	三	菩	提	法
언덕 아	김맬 누(뇩)	많을 다	새그물 라	석 삼	아득할 막(먁)	석 삼	보리 보	끌 제(리)	법 법

더욱 널리 이익되게 하여라!"
이와 같이 세 차례나 되풀이해서 모든 보살마하살들의 이마를 만지시며
다음과 같이 말씀하셨다. "내가 한량없는 백천만억 아승기 겁의
오랜 세월 동안 닦아 익혔던 이 얻기 어려운 아뇩다라삼먁삼보리법을

금	이	부	촉	여	등		여	등
今	以	付	囑	汝	等		汝	等
이제금	써이	부탁할부	부탁할촉	너여	무리등		너여	무리등

당	수	지	독	송		광	선	차	법
當	受	持	讀	誦		廣	宣	此	法
마땅히 당	받을 수	가질 지	읽을 독	외울 송		넓을 광	베풀 선	이차	법 법

영	일	체	중	생		보	득	문	지
令	一	切	衆	生		普	得	聞	知
하여금 영	한 일	모두 체	무리 중	날 생		널리 보	얻을 득	들을 문	알 지

소	이	자	하		여	래		유	대
所	以	者	何		如	來		有	大
바소	써이	놈자	어찌 하		같을 여	올 래		있을 유	큰 대

자	비		무	제	간	린		역	무
慈	悲		無	諸	慳	悋		亦	無
사랑 자	슬플 비		없을 무	모든 제	아낄 간	아낄 린		또 역	없을 무

이제 그대들에게 맡기노라.
그러니 그대들은 마땅히 이 법을 수지하여 읽고 외우며 널리 펴서,
일체 중생들로 하여금 어디서나 듣게 하고 알도록 하여라.
왜냐하면 여래는 대자대비하여 어떤 것도 아까워하지 않으며

소	외		능	여	중	생		불	지
所	畏		能	與	衆	生		佛	之
바 소	두려워할 외		능할 능	줄 여	무리 중	날 생		부처 불	어조사 지

지	혜		여	래	지	혜		자	연
智	慧		如	來	智	慧		自	然
슬기 지	지혜 혜		같을 여	올 래	슬기 지	지혜 혜		스스로 자	그러할 연

지	혜		여	래		시	일	체	중
智	慧		如	來		是	一	切	衆
슬기 지	지혜 혜		같을 여	올 래		이 시	한 일	모두 체	무리 중

생		지	대	시	주		여	등
生		之	大	施	主		汝	等
날 생		어조사 지	큰 대	베풀 시	주인 주		너 여	무리 등

역	응	수	학		여	래	지	법
亦	應	隨	學		如	來	之	法
또 역	응당히 응	따를 수	배울 학		같을 여	올 래	어조사 지	법 법

또한 두려움이 없기 때문에, 능히 중생들에게 부처님 지혜인
여래의 지혜, 곧 자연의 지혜를 가르쳐주느니라.
따라서 여래는 바로 모든 중생들에게 큰 시주자가 되니,
그대들도 역시 여래의 법을 따라 배워서

물	생	간	린		어	미	래	세
勿	生	慳	悋		於	未	來	世
말 물	날 생	아낄 간	아낄 린		어조사 어	아닐 미	올 래	세상 세

약	유	선	남	자	선	여	인		신
若	有	善	男	子	善	女	人		信
만약 약	있을 유	착할 선	사내 남	아들 자	착할 선	여자 여	사람 인		믿을 신

여	래	지	혜	자		당	위	연	설
如	來	智	慧	者		當	爲	演	說
같을 여	올 래	슬기 지	지혜 혜	놈 자		마땅히 당	할 위	펼 연	말씀 설

차	법	화	경		사	득	문	지
此	法	華	經		使	得	聞	知
이 차	법 법	꽃 화	경 경		하여금 사	얻을 득	들을 문	알 지

위	령	기	인		득	불	혜	고
爲	令	其	人		得	佛	慧	故
위할 위	하여금 령	그 기	사람 인		얻을 득	부처 불	지혜 혜	연고 고

절대로 아끼거나 인색한 마음을 내어서는 안 되느니라.
앞으로 미래 세상에 만약 여래의 지혜를 믿는 선남자 선여인이 있거든,
마땅히 이 법화경을 연설해주어서 잘 듣게 하고 알게 하여라. 그것은 다름 아니라
그 사람으로 하여금 부처님과 똑같은 지혜를 얻도록 하기 위해서이니라.

약	유	중	생		불	신	수	자
若	有	衆	生		不	信	受	者
만약 약	있을 유	무리 중	날 생		아닐 불	믿을 신	받을 수	놈 자

당	어	여	래		여	심	법	중
當	於	如	來		餘	深	法	中
마땅히 당	어조사 어	같을 여	올 래		남을 여	깊을 심	법 법	가운데 중

시	교	리	희		여	등		약	능
示	敎	利	喜		汝	等		若	能
보일 시	가르칠 교	이로울 리	기쁠 희		너 여	무리 등		만약 약	능할 능

여	시		즉	위	이	보		제	불
如	是		則	爲	已	報		諸	佛
같을 여	이 시		곧 즉	할 위	이미 이	갚을 보		모든 제	부처 불

지	은		시		제	보	살	마	하
之	恩		時		諸	菩	薩	摩	訶
어조사 지	은혜 은		때 시		모든 제	보리 보	보살 살	갈 마	꾸짖을 가(하)

그러나 여래의 지혜를 믿지 못하고 이해하지 못하는 중생이 있거든, 마땅히 여래가 설했던 다른 깊은 가르침 안에서 보여주고 가르쳐서 이롭게 하고 또 기쁘게 하여라. 그대들이 능히 이와 같이 할 수 있다면 이미 모든 부처님들의 은혜에 보답한 것이 되느니라." 당시에 모든 보살마하살들은

살		문	불	작	시	설	이		개
薩		聞	佛	作	是	說	已		皆
보살살		들을문	부처불	지을작	이시	말씀설	마칠이		다개

대	환	희		변	만	기	신		익
大	歡	喜		遍	滿	其	身		益
큰대	기쁠환	기쁠희		두루편(변)	찰만	그기	몸신		더할익

가	공	경		곡	궁	저	두		합
加	恭	敬		曲	躬	低	頭		合
더할가	공손할공	공경할경		굽을곡	몸궁	숙일저	머리두		합할합

장	향	불		구	발	성	언		여
掌	向	佛		俱	發	聲	言		如
손바닥장	향할향	부처불		함께구	필발	소리성	말씀언		같을여

세	존	칙		당	구	봉	행		유
世	尊	勅		當	具	奉	行		唯
세상세	높을존	신칙할칙		마땅히당	갖출구	받들봉	행할행		오직유

부처님의 말씀을 듣고 나자 온몸이 큰 기쁨으로 충만해졌다.
그래서 더욱 공경하는 마음으로 몸을 구부리고 머리를 숙여 합장한 채,
부처님을 향하여 일제히 큰 소리로 말씀드렸다.
"세존의 분부대로 마땅히 모든 것을 빠짐없이 받들어 시행하겠습니다.

연	세	존		원	불	유	려		제
然	世	尊		願	不	有	慮		諸
그러할 연	세상 세	높을 존		원할 원	아닐 불	있을 유	근심할 려		모든 제

보	살	마	하	살	중		여	시	삼
菩	薩	摩	訶	薩	衆		如	是	三
보리 보	보살 살	갈 마	꾸짖을 가(하)	보살 살	무리 중		같을 여	이 시	석 삼

반		구	발	성	언		여	세	존
反		俱	發	聲	言		如	世	尊
돌이킬 반		함께 구	필 발	소리 성	말씀 언		같을 여	세상 세	높을 존

칙		당	구	봉	행		유	연	세
勅		當	具	奉	行		唯	然	世
신칙할 칙		마땅히 당	갖출 구	받들 봉	행할 행		오직 유	그러할 연	세상 세

존		원	불	유	려		이	시	
尊		願	不	有	慮		爾	時	
높을 존		원할 원	아닐 불	있을 유	근심할 려		그 이	때 시	

그러니 부디 세존께서는 너무 염려하지 마시옵소서!"
모든 보살마하살들은 이와 같이 세 차례씩 되풀이하여 일제히 큰 소리로 말씀드렸다.
"세존의 분부대로 마땅히 모든 것을 빠짐없이 받들어 시행하겠습니다.
부디 세존께서는 너무 염려하지 마시옵소서!" 그러자 그때

석	가	모	니	불		영	시	방	래
釋	迦	牟	尼	佛		令	十	方	來
풀 석	막을 가	소우는소리모	여승 니	부처 불		하여금 영	열 십(시)	방위 방	올 래

제	분	신	불		각	환	본	토
諸	分	身	佛		各	還	本	土
모든 제	나눌 분	몸 신	부처 불		각각 각	돌아갈 환	근본 본	흙 토

이	작	시	언		제	불		각	수
而	作	是	言		諸	佛		各	隨
말이을 이	지을 작	이 시	말씀 언		모든 제	부처 불		각각 각	따를 수

소	안		다	보	불	탑		환	가
所	安		多	寶	佛	塔		還	可
바 소	편안할 안		많을 다	보배 보	부처 불	탑 탑		돌아갈 환	가히 가

여	고		설	시	어	시		시	방
如	故		說	是	語	時		十	方
같을 여	옛 고		말씀 설	이 시	말씀 어	때 시		열 십(시)	방위 방

석가모니 부처님께서는 시방세계에서 오신 모든 분신부처님들을
각각 본국으로 돌아가시게 하려고 이렇게 말씀하셨다.
"모든 분신부처님들께서는 각각 원래 오셨던 곳으로 되돌아가시고,
다보 부처님의 탑도 전에 계셨던 곳으로 돌아가시지요." 석가모니 부처님께서 이 말씀을 하시자

무	량		분	신	제	불		좌	보
無	量		分	身	諸	佛		坐	寶
없을무	헤아릴 량		나눌 분	몸 신	모든 제	부처 불		앉을 좌	보배 보

수	하		사	자	좌	상	자		급
樹	下		師	子	座	上	者		及
나무 수	아래 하		스승 사	아들 자	자리 좌	위 상	놈 자		및 급

다	보	불		병	상	행	등		무
多	寶	佛		幷	上	行	等		無
많을 다	보배 보	부처 불		아우를 병	위 상	행할 행	무리 등		없을 무

변	아	승	기		보	살	대	중	
邊	阿	僧	祇		菩	薩	大	衆	
가 변	언덕 아	중 승	토지신 기		보리 보	보살 살	큰 대	무리 중	

사	리	불	등		성	문	사	중	
舍	利	弗	等		聲	聞	四	衆	
집 사	이로울 리	아닐 불	무리 등		소리 성	들을 문	넉 사	무리 중	

보배나무 밑 사자좌 위에 앉아 계셨던 시방의
한량없는 분신부처님들과 다보 부처님,
상행보살을 비롯한 수많은 아승기 수의 보살대중들과
사리불을 포함한 성문 사부대중들

급	일	체	세	간		천	인	아	수
及	一	切	世	間		天	人	阿	修
및 급	한 일	모두 체	세상 세	사이 간		하늘 천	사람 인	언덕 아	닦을 수

라	등		문	불	소	설		개	대
羅	等		聞	佛	所	說		皆	大
새그물 라	무리 등		들을 문	부처 불	바 소	말씀 설		다 개	큰 대

환	희
歡	喜
기쁠 환	기쁠 희

그리고 일체 세상의 하늘천신·사람·아수라 등이
부처님 말씀을 듣고 모두 크게 환희하였다.

제이십삼		약	왕	보	살	본	사	품
第二十三		藥	王	菩	薩	本	事	品
		약 약	임금 왕	보리 보	보살 살	근본 본	일 사	가지 품

이	시		수	왕	화	보	살	백
爾	時		宿	王	華	菩	薩	白
그 이	때 시		별자리 수	임금 왕	꽃 화	보리 보	보살 살	사뢸 백

불	언		세	존		약	왕	보	살
佛	言		世	尊		藥	王	菩	薩
부처 불	말씀 언		세상 세	높을 존		약 약	임금 왕	보리 보	보살 살

운	하	유	어		사	바	세	계
云	何	遊	於		娑	婆	世	界
이를 운	어찌 하	놀 유	어조사 어		춤출 사	할미 파(바)	세상 세	지경 계

세	존		시	약	왕	보	살	유
世	尊		是	藥	王	菩	薩	有
세상 세	높을 존		이 시	약 약	임금 왕	보리 보	보살 살	있을 유

제23 약왕보살본사품

그때 수왕화보살이 부처님께 사뢰었다.

"세존이시여, 약왕보살은 어찌하여 이 사바세계에 자유로이 오고가며 유희합니까?

세존이시여! 약왕보살에게는

약	간	백	천	만	억		나	유	타
若	干	百	千	萬	億		那	由	他
같을 약	방패 간	일백 백	일천 천	일만 만	억 억		어찌 나	말미암을 유	다를 타

난	행	고	행		선	재	세	존	
難	行	苦	行		善	哉	世	尊	
어려울 난	행할 행	괴로울 고	행할 행		착할 선	어조사 재	세상 세	높을 존	

원	소	해	설		제	천	룡	신	야
願	少	解	說		諸	天	龍	神	夜
원할 원	적을 소	풀 해	말씀 설		모든 제	하늘 천	용 룡	귀신 신	밤 야

차		건	달	바	아	수	라		가
叉		乾	闥	婆	阿	修	羅		迦
깍지낄 차		하늘 건	대궐문 달	할미 파(바)	언덕 아	닦을 수	새그물 라		막을 가

루	라	긴	나	라		마	후	라	가
樓	羅	緊	那	羅		摩	睺	羅	伽
다락 루	새그물 라	긴할 긴	어찌 나	새그물 라		갈 마	애꾸눈 후	새그물 라	절 가

백천만억 나유타 수에 상당한 난행과 고행 경력이 있다고 하던데…….
거룩하신 세존이시여,
부디 그 점에 대해서 간략하게나마 설명해 주시옵소서!
그것을 들으면 하늘천신·용·귀신·야차·건달바·아수라·가루라·긴나라·마후라가 같이

인	비	인	등		우	타	국	토	
人	非	人	等		又	他	國	土	
사람 인	아닐 비	사람 인	무리 등		또 우	다를 타	나라 국	흙 토	

제	래	보	살		급	차	성	문	중
諸	來	菩	薩		及	此	聲	聞	衆
모든 제	올 래	보리 보	보살 살		및 급	이 차	소리 성	들을 문	무리 중

문	개	환	희		이	시		불	고
聞	皆	歡	喜		爾	時		佛	告
들을 문	다 개	기쁠 환	기쁠 희		그 이	때 시		부처 불	알릴 고

수	왕	화	보	살		내	왕	과	거
宿	王	華	菩	薩		乃	往	過	去
별자리 수	임금 왕	꽃 화	보리 보	보살 살		이에 내	갈 왕	지날 과	갈 거

무	량		항	하	사	겁		유	불
無	量		恒	河	沙	劫		有	佛
없을 무	헤아릴 량		항상 항	물 하	모래 사	겁 겁		있을 유	부처 불

사람인 듯하면서 아닌 이들과 다른 세계에서 온 많은 보살들
그리고 여기의 성문대중들도 모두 기뻐할 것입니다."
그때 부처님께서 수왕화보살에게 이르시었다.
"지난 과거 한량없는 항하 모래알 수처럼 많고 많은 오랜 세월 전에 부처님께서 계셨으니,

호	일	월	정	명	덕	여	래		응
號	日	月	淨	明	德	如	來		應
이름 호	해 일	달 월	깨끗할 정	밝을 명	덕 덕	같을 여	올 래		응당히 응

공		정	변	지		명	행	족
供		正	遍	知		明	行	足
이바지할 공		바를 정	두루 편(변)	알 지		밝을 명	행할 행	족할 족

선	서		세	간	해		무	상	사
善	逝		世	間	解		無	上	士
착할 선	갈 서		세상 세	사이 간	풀 해		없을 무	위 상	선비 사

조	어	장	부		천	인	사		불
調	御	丈	夫		天	人	師		佛
고를 조	길들일 어	어른 장	사나이 부		하늘 천	사람 인	스승 사		부처 불

세	존		기	불		유	팔	십	억
世	尊		其	佛		有	八	十	億
세상 세	높을 존		그 기	부처 불		있을 유	여덟 팔	열 십	억 억

부처님 이름은 일월정명덕여래·응공·
정변지·명행족·선서·세간해·무상사·
조어장부·천인사·불세존이셨느니라.
그 부처님께는 팔십억의

제23 약왕보살본사품

대	보	살	마	하	살		칠	십	이
大	菩	薩	摩	訶	薩		七	十	二
큰대	보리보	보살살	갈마	꾸짖을가(하)	보살살		일곱칠	열십	두이

항	하	사		대	성	문	중		불
恒	河	沙		大	聲	聞	衆		佛
항상항	물하	모래사		큰대	소리성	들을문	무리중		부처불

수		사	만	이	천	겁		보	살
壽		四	萬	二	千	劫		菩	薩
목숨수		넉사	일만만	두이	일천천	겁겁		보리보	보살살

수	명	역	등		피	국		무	유
壽	命	亦	等		彼	國		無	有
목숨수	목숨명	또역	같을등		저피	나라국		없을무	있을유

여	인		지	옥	아	귀	축	생
女	人		地	獄	餓	鬼	畜	生
여자여	사람인		땅지	옥옥	주릴아	귀신귀	기를축	날생

대보살마하살들과 칠십이 항하의 모래알에 해당하는 무수한
큰 성문제자들이 있었느니라. 부처님의 수명은 사만이천 겁이었으며,
보살들의 수명도 똑같이 사만이천 겁이었느니라.
그 세계에는 여인이 없을 뿐만 아니라, 지옥·아귀·축생·

아	수	라	등		급	이	제	난
阿	修	羅	等		及	以	諸	難
언덕 아	닦을 수	새그물 라	무리 등		및 급	써 이	모든 제	어려울 난

지	평	여	장		유	리	소	성
地	平	如	掌		琉	璃	所	成
땅 지	평평할 평	같을 여	손바닥 장		유리 유	유리 리	바 소	이룰 성

보	수	장	엄		보	장	부	상
寶	樹	莊	嚴		寶	帳	覆	上
보배 보	나무 수	꾸밀 장	엄할 엄		보배 보	휘장 장	덮을 부	위 상

수	보	화	번		보	병	향	로
垂	寶	華	幡		寶	瓶	香	爐
드리울 수	보배 보	꽃 화	기 번		보배 보	병 병	향기 향	화로 로

주	변	국	계		칠	보	위	대
周	遍	國	界		七	寶	爲	臺
두루 주	두루 편(변)	나라 국	지경 계		일곱 칠	보배 보	할 위	돈대 대

아수라 등 여러 힘든 곳들이 아예 없었느니라. 땅은 손바닥처럼 평탄한 데다
청보석의 유리로 이루어졌고, 보배나무로 우아하게 장엄되었느니라.
보배휘장이 그 위를 덮었거늘 보배꽃 달린 깃발들이 아름답게 드리워졌으며,
보배병과 보배향로들이 나라 안에 가득하였느니라. 칠보로 만든 좌대가

일	수	일	대		기	수	거	대
一	樹	一	臺		其	樹	去	臺
한 일	나무 수	한 일	돈대 대		그 기	나무 수	갈 거	돈대 대

진	일	전	도		차	제	보	수
盡	一	箭	道		此	諸	寶	樹
다할 진	한 일	화살 전	길 도		이 차	모든 제	보배 보	나무 수

개	유	보	살	성	문		이	좌	기
皆	有	菩	薩	聲	聞		而	坐	其
다 개	있을 유	보리 보	보살 살	소리 성	들을 문		말이을 이	앉을 좌	그 기

하		제	보	대	상		각	유	백
下		諸	寶	臺	上		各	有	百
아래 하		모든 제	보배 보	돈대 대	위 상		각각 각	있을 유	일백 백

억	제	천		작	천	기	악		가
億	諸	天		作	天	伎	樂		歌
억 억	모든 제	하늘 천		지을 작	하늘 천	재주 기	풍류 악		노래 가

나무 밑동마다 하나씩 있었는데, 나무 밑에서 좌대까지 거리가
화살 한 번 쏘아서 닿을 정도의 거리였느니라. 보배나무 밑에는
보살과 성문들이 전부 앉아 있었고, 보배로 지어진 좌대 위에는 각각
백억이나 되는 천신들이 있었느니라. 그 하늘천신들은 하늘악기들을 연주하고,

탄	어	불		이	위	공	양		이
歎	於	佛		以	爲	供	養		爾
찬탄할 탄	어조사 어	부처 불		써 이	할 위	이바지할 공	기를 양		그 이

시	피	불		위	일	체	중	생	희
時	彼	佛		爲	一	切	衆	生	喜
때 시	저 피	부처 불		위할 위	한 일	모두 체	무리 중	날 생	기쁠 희

견	보	살		급	중	보	살		제
見	菩	薩		及	衆	菩	薩		諸
볼 견	보리 보	보살 살		및 급	무리 중	보리 보	보살 살		모든 제

성	문	중		설	법	화	경		시
聲	聞	衆		說	法	華	經		是
소리 성	들을 문	무리 중		말씀 설	법 법	꽃 화	경 경		이 시

일	체	중	생	희	견	보	살		낙
一	切	衆	生	喜	見	菩	薩		樂
한 일	모두 체	무리 중	날 생	기쁠 희	볼 견	보리 보	보살 살		즐길 낙

일월정명덕 부처님을 노래 불러 찬탄하며 공양하였느니라.
그때 일월정명덕 부처님께서는 일체중생희견보살을 비롯한
여러 보살들과 성문대중들을 위하여 법화경을 설해주셨느니라.
일체중생희견보살은

습	고	행		어	일	월	정	명	덕
習	苦	行		於	日	月	淨	明	德
익힐 습	괴로울 고	행할 행		어조사 어	해 일	달 월	깨끗할 정	밝을 명	덕 덕

불	법	중		정	진	경	행		일
佛	法	中		精	進	經	行		一
부처 불	법 법	가운데 중		정미할 정	나아갈 진	지날 경	갈 행		한 일

심	구	불		만	만	이	천	세	이
心	求	佛		滿	萬	二	千	歲	已
마음 심	구할 구	부처 불		찰 만	일만 만	두 이	일천 천	해 세	마칠 이

득	현	일	체	색	신	삼	매		득
得	現	一	切	色	身	三	昧		得
얻을 득	나타날 현	한 일	모두 체	빛 색	몸 신	석 삼	어두울 매		얻을 득

차	삼	매	이			심	대	환	희
此	三	昧	已			心	大	歡	喜
이 차	석 삼	어두울 매	마칠 이			마음 심	큰 대	기쁠 환	기쁠 희

기꺼이 고행을 감수해 가며 일월정명덕 부처님 법 가운데에서
정진하고 경행하여 일심으로 불도에 전념하였느니라.
그렇게 만이천 년 동안 수도한 뒤에 그는 현일체색신삼매를 얻었느니라.
그 삼매를 얻고 일체중생희견보살은 마음으로 크게 환희하여

즉	작	념	언		아	득		현	일
卽	作	念	言		我	得		現	一
곧 즉	지을 작	생각 념	말씀 언		나 아	얻을 득		나타날 현	한 일

체	색	신	삼	매	개	시	득	문
切	色	身	三	昧	皆	是	得	聞
모두 체	빛 색	몸 신	석 삼	어두울 매	다 개	이 시	얻을 득	들을 문

법	화	경	력		아	금	당	공	양
法	華	經	力		我	今	當	供	養
법 법	꽃 화	경 경	힘 력		나 아	이제 금	마땅히 당	이바지할 공	기를 양

일	월	정	명	덕	불		급	법	화
日	月	淨	明	德	佛		及	法	華
해 일	달 월	깨끗할 정	밝을 명	덕 덕	부처 불		및 급	법 법	꽃 화

경		즉	시		입	시	삼	매
經		卽	時		入	是	三	昧
경 경		곧 즉	때 시		들 입	이 시	석 삼	어두울 매

생각하되,
'내가 현일체색신삼매를 얻은 것은 모두가 이 법화경을 들었기 때문이니,
내 이제 마땅히 일월정명덕 부처님과 법화경에 공양하리라.'
이윽고 즉시 현일체색신삼매에 들어,

어	허	공	중		우	만	다	라	화
於	虛	空	中		雨	曼	陀	羅	華
어조사 어	빌 허	빌 공	가운데 중		비 우	아름다울 만	비탈질 타(다)	새그물 라	꽃 화

마	하	만	다	라	화		세	말	견
摩	訶	曼	陀	羅	華		細	抹	堅
갈 마	꾸짖을 가(하)	아름다울 만	비탈질 타(다)	새그물 라	꽃 화		가늘 세	가루 말	굳을 견

흑	전	단		만	허	공	중		여
黑	栴	檀		滿	虛	空	中		如
검을 흑	단향목 전	단향목 단		찰 만	빌 허	빌 공	가운데 중		같을 여

운	이	하		우	우	해	차	안
雲	而	下		又	雨	海	此	岸
구름 운	말이을 이	내릴 하		또 우	비 우	바다 해	이 차	언덕 안

전	단	지	향		차	향	육	수
栴	檀	之	香		此	香	六	銖
단향목 전	단향목 단	어조사 지	향기 향		이 차	향기 향	여섯 육	무게 단위 수

공중에서 만다라꽃과 마하만다라꽃의 꽃비를 내렸느니라.
그리고 고운 가루로 된 단단한 검은 전단향 가루들이 하늘을 가득 덮은 구름처럼
떼로 몰려와 분분히 날렸느니라. 또 수미산 부근의 바다 이남에서 나는
전단향도 비 오듯 내렸는데, 그 향의 육 그램정도만 해도

가	치	사	바	세	계		이	공	양
價	直	娑	婆	世	界		以	供	養
값 가	값 치	춤출 사	할미 파(바)	세상 세	지경 계		써 이	이바지할 공	기를 양

불		작	시	공	양	이		종	삼
佛		作	是	供	養	已		從	三
부처 불		지을 작	이 시	이바지할 공	기를 양	마칠 이		좇을 종	석 삼

매	기		이	자	념	언		아	수
昧	起		而	自	念	言		我	雖
어두울 매	일어날 기		말이을 이	스스로 자	생각할 념	말씀 언		나 아	비록 수

이	신	력		공	양	어	불		불
以	神	力		供	養	於	佛		不
써 이	신통할 신	힘 력		이바지할 공	기를 양	어조사 어	부처 불		아닐 불

여	이	신	공	양		즉	복	제	향
如	以	身	供	養		卽	服	諸	香
같을 여	써 이	몸 신	이바지할 공	기를 양		곧 즉	먹을 복	모든 제	향기 향

무려 사바세계에 상당할 만큼 값비싼 것이었느니라. 그는 이러한 모든 것들을 가지고
부처님께 공양 올렸느니라. 이렇게 공양을 다 마치고 삼매로부터 일어나 스스로 생각하기를,
'내가 비록 신통력으로써 부처님께 공양 올리긴 했으나,
진짜 육신으로써 공양 올리는 것이 훨씬 더 나으리라.' 그래서 온갖 향들인

전	단	훈	육		도	루	바	필	력
栴	檀	薰	陸		兜	樓	婆	畢	力
단향목 전	단향목 단	향내 훈	뭍 육		투구 두(도)	다락 루	할미 파(바)	마칠 필	힘 력

가		침	수	교	향		우	음	첨
迦		沈	水	膠	香		又	飲	瞻
막을 가		가라앉을 침	물 수	아교 교	향기 향		또 우	마실 음	볼 첨

복		제	화	향	유		만	천	이
蔔		諸	華	香	油		滿	千	二
무 복		모든 제	꽃 화	향기 향	기름 유		찰 만	일천 천	두 이

백	세	이		향	유	도	신		어
百	歲	已		香	油	塗	身		於
일백 백	해 세	마칠 이		향기 향	기름 유	바를 도	몸 신		어조사 어

일	월	정	명	덕	불	전		이	천
日	月	淨	明	德	佛	前		以	天
해 일	달 월	깨끗할 정	밝을 명	덕 덕	부처 불	앞 전		써 이	하늘 천

전단향·훈육향·도루바향·필력가향·
침수향·교향 등을 먹었느니라. 또 첨복화와
여러 꽃들에서 짜낸 향유를 천이백 년 동안이나 마셨느니라.
그런 다음 향유를 몸에 바른 뒤, 일월정명덕 부처님 앞에서

제	관		신	전	자	이		의	보
諸	灌		身	纏	自	而		衣	寶
모든 제	물 댈 관		몸 신	얽힐 전	스스로 자	말 이을 이		옷 의	보배 보

이		원	력	통	신	이		유	향
而		願	力	通	神	以		油	香
말 이을 이		원할 원	힘 력	통할 통	신통할 신	써 이		기름 유	향기 향

팔		조	변	명	광		신	연	자
八		照	遍	明	光		身	然	自
여덟 팔		비출 조	두루 편(변)	밝을 명	빛 광		몸 신	불사를 연	스스로 자

기		계	세	사	하	항		억	십
其		界	世	沙	河	恒		億	十
그 기		지경 계	세상 세	모래 사	물 하	항상 항		억 억	열 십

선		언	찬	시	동		불	제	중
善		言	讚	時	同		佛	諸	中
착할 선		말씀 언	칭찬할 찬	때 시	한가지 동		부처 불	모든 제	가운데 중

하늘나라 보배옷으로 직접 몸을 감싸고는 여러 향유들을 부어 적셨느니라.
그리고 신통력과 원력으로써 스스로 자기 몸을 태웠으니,
그 광명이 팔십억 항하의 모래알처럼 무량한 세계들을 빠짐없이 환하게 비추었느니라.
이윽고 그 세계들 가운데 계신 모든 부처님들께서 동시에 칭찬하시며 말씀하시되,

재	선	재		선	남	자		시	진
哉	善	哉		善	男	子		是	眞
어조사 재	착할 선	어조사 재		착할 선	사내 남	아들 자		이 시	참 진

정	진		시	명		진	법	공	양
精	進		是	名		眞	法	供	養
정미할 정	나아갈 진		이 시	이름 명		참 진	법 법	이바지할 공	기를 양

여	래		약	이	화	향	영	락
如	來		若	以	華	香	瓔	珞
같을 여	올 래		만약 약	써 이	꽃 화	향기 향	구슬목걸이 영	구슬목걸이 락

소	향	말	향	도	향		천	증	번
燒	香	抹	香	塗	香		天	繒	幡
사를 소	향기 향	가루 말	향기 향	바를 도	향기 향		하늘 천	비단 증	기 번

개		급	해	차	안	전	단	지	향
蓋		及	海	此	岸	栴	檀	之	香
덮개 개		및 급	바다 해	이 차	언덕 안	단향목 전	단향목 단	어조사 지	향기 향

> '장하고, 장하도다! 선남자여!
> 이것이야말로 참 정진이며, 이것이 진정 부처님께 법공양하는 것이로다.
> 설사 꽃과 향·영락·사르는 향·가루향·바르는 향·하늘나라 비단으로 된 깃발과 일산,
> 그리고 수미산 부근의 바다 이남에서 나는 값비싼 전단향 등

여	시	등		종	종	제	물	공	양
如	是	等		種	種	諸	物	供	養
같을 여	이 시	무리 등		종류 종	종류 종	모든 제	만물 물	이바지할공	기를 양

소	불	능	급		가	사	국	성	처
所	不	能	及		假	使	國	城	妻
바 소	아닐 불	능할 능	미칠 급		거짓 가	가령 사	나라 국	성 성	아내 처

자	보	시		역	소	불	급		선
子	布	施		亦	所	不	及		善
아들 자	베풀 포(보)	베풀 시		또 역	바 소	아닐 불	미칠 급		착할 선

남	자		시	명	제	일	지	시
男	子		是	名	第	一	之	施
사내 남	아들 자		이 시	이름 명	차례 제	한 일	어조사 지	베풀 시

어	제	시	중		최	존	최	상
於	諸	施	中		最	尊	最	上
어조사 어	모든 제	베풀 시	가운데 중		가장 최	높을 존	가장 최	위 상

이와 같은 여러 가지 온갖 물품들로써 공양한다 하더라도 이보다 더 나을 수는 없도다.
가령 국가나 도시 심지어 처자식까지 보시한다 할지라도 역시 이보다 더 좋을 수는 없도다.
선남자여! 그리하여 이것을 제일 뛰어난 보시라 하나니,
모든 보시들 중에서 가장 존귀하고 최고 으뜸이니라.

이	법	공	양		제	여	래	고	
以	法	供	養		諸	如	來	故	
써 이	법 법	이바지할 공	기를 양		모든 제	같을 여	올 래	연고 고	

작	시	어	이		이	각	묵	연	
作	是	語	已		而	各	黙	然	
지을 작	이 시	말씀 어	마칠 이		말이을 이	각각 각	묵묵할 묵	그러할 연	

기	신	화	연		천	이	백	세	
其	身	火	燃		千	二	百	歲	
그 기	몸 신	불 화	사를 연		일천 천	두 이	일백 백	해 세	

과	시	이	후		기	신	내	진	
過	是	已	後		其	身	乃	盡	
지날 과	이 시	이미 이	뒤 후		그 기	몸 신	이에 내	다할 진	

일	체	중	생	희	견	보	살		작
一	切	衆	生	喜	見	菩	薩		作
한 일	모두 체	무리 중	날 생	기쁠 희	볼 견	보리 보	보살 살		지을 작

이것은 법으로써 모든 여래께 공양하기 때문이니라.'
이렇게 말씀하신 뒤 부처님들께서는 각각 말없이 침묵하셨으며,
일체중생희견보살의 몸은 천이백 년 동안 불탄 다음에야 꺼졌느니라.
일체중생희견보살은

여	시	법	공	양	이		명	종	지
如	是	法	供	養	已		命	終	之
같을 여	이 시	법 법	이바지할 공	기를 양	마칠 이		목숨 명	마칠 종	어조사 지

후		부	생	일	월	정	명	덕	불
後		復	生	日	月	淨	明	德	佛
뒤 후		다시 부	날 생	해 일	달 월	깨끗할 정	밝을 명	덕 덕	부처 불

국	중		어	정	덕	왕	가		결
國	中		於	淨	德	王	家		結
나라 국	가운데 중		어조사 어	깨끗할 정	덕 덕	임금 왕	집 가		맺을 결

가	부	좌		홀	연	화	생		즉
跏	趺	坐		忽	然	化	生		卽
책상다리 가	책상다리 부	앉을 좌		문득 홀	그러할 연	화할 화	날 생		곧 즉

위	기	부		이	설	게	언		대
爲	其	父		而	說	偈	言		大
위할 위	그 기	아비 부		말이을 이	말씀 설	게송 게	말씀 언		큰 대

이와 같이 법공양으로 목숨을 마친 다음
또다시 일월정명덕 부처님 나라에 태어났느니라.
곧 그 나라의 정덕왕 집안에 가부좌를 맺은 채 홀연히 화생하였는데,
태어나자마자 그 아버지를 위하여 게송으로 말씀드렸느니라.

왕	금	당	지		아	경	행	피	처
王	今	當	知		我	經	行	彼	處
임금 왕	이제 금	마땅히 당	알 지		나 아	지날 경	갈 행	저 피	곳 처

즉	시	득	일	체	현	제	신	삼
卽	時	得	一	切	現	諸	身	三
곧 즉	때 시	얻을 득	한 일	모두 체	나타날 현	모든 제	몸 신	석 삼

매		근	행	대	정	진		사	소
昧		勤	行	大	精	進		捨	所
어두울 매		부지런할 근	행할 행	큰 대	정미할 정	나아갈 진		버릴 사	바 소

애	지	신		공	양	어	세	존
愛	之	身		供	養	於	世	尊
사랑할 애	어조사 지	몸 신		이바지할 공	기를 양	어조사 어	세상 세	높을 존

위	구	무	상	혜		설	시	게	이
爲	求	無	上	慧		說	是	偈	已
위할 위	구할 구	없을 무	위 상	지혜 혜		말씀 설	이 시	게송 게	마칠 이

'대왕은 이제 마땅히 통촉하소서! 제가 저 부처님 계신 데서 경행하며 정진하여 일체현제신삼매를 얻었나니, 부지런히 크게 정진하면서 아끼던 몸마저 버리어 세존께 공양 올렸던 것은 위없이 높은 지혜를 구하기 위해서였나이다.'
이 게송을 설하고 나서

이	백	부	언		일	월	정	명	덕
而	白	父	言		日	月	淨	明	德
말이을이	사뢸백	아비부	말씀언		해일	달월	깨끗할정	밝을명	덕덕

불		금	고	현	재		아	선	공
佛		今	故	現	在		我	先	供
부처불		이제금	연고고	지금현	있을재		나아	먼저선	이바지할공

양	불	이		득	해	일	체	중	생
養	佛	已		得	解	一	切	衆	生
기를양	부처불	마칠이		얻을득	풀해	한일	모두체	무리중	날생

어	언	다	라	니		부	문	시	법
語	言	陀	羅	尼		復	聞	是	法
말씀어	말씀언	비탈질타(다)	새그물라	여승니		다시부	들을문	이시	법법

화	경		팔	백	천	만	억		나
華	經		八	百	千	萬	億		那
꽃화	경경		여덟팔	일백백	일천천	일만만	억억		어찌나

아버지께 말씀드리기를,
'일월정명덕 부처님께서는 지금도 여전히 세상에 계십니다.
예전에 저는 그 부처님께 공양드린 뒤 해일체중생어언다라니를 얻었습니다.
뿐만 아니라 법화경의 팔백천만억

유	타		견	가	라		빈	바	라
由	他		甄	迦	羅		頻	婆	羅
말미암을 유	다를 타		질그릇 견	막을 가	새그물 라		자주 빈	할미 파(바)	새그물 라

아	축	바	등	게		대	왕		아
阿	閦	婆	等	偈		大	王		我
언덕 아	무리 축	할미 파(바)	무리 등	게송 게		큰 대	임금 왕		나 아

금	당	환		공	양	차	불		백
今	當	還		供	養	此	佛		白
이제 금	마땅히 당	돌아갈 환		이바지할 공	기를 양	이 차	부처 불		사뢸 백

이		즉	좌	칠	보	지	대		상
已		卽	坐	七	寶	之	臺		上
마칠 이		곧 즉	앉을 좌	일곱 칠	보배 보	어조사 지	돈대 대		위 상

승	허	공		고	칠	다	라	수
昇	虛	空		高	七	多	羅	樹
오를 승	빌 허	빌 공		높을 고	일곱 칠	많을 다	새그물 라	나무 수

나유타・견가라・빈바라・아축바 등 수많은 게송들을 듣게 되었습니다.
그러니 대왕이시여, 저는 이제 그 부처님께 돌아가 다시 한 번 더 공양 올리겠나이다.'
그리고는 곧장 칠보로 만든 좌대에 앉아 허공으로 솟구치니,
다라수 나무의 일곱 배나 되도록 높이 올라갔느니라.

왕	도	불	소		두	면	예	족
往	到	佛	所		頭	面	禮	足
갈 왕	이를 도	부처 불	곳 소		머리 두	낯 면	예도 예	발 족

합	십	지	조		이	게	찬	불
合	十	指	爪		以	偈	讚	佛
합할 합	열 십	손가락 지	손톱 조		써 이	게송 게	칭찬할 찬	부처 불

용	안	심	기	묘		광	명	조	시
容	顔	甚	奇	妙		光	明	照	十
얼굴 용	얼굴 안	심할 심	기이할 기	묘할 묘		빛 광	밝을 명	비출 조	열 십(시)

방		아	적	증	공	양		금	부
方		我	適	曾	供	養		今	復
방위 방		나 아	마침 적	일찍 증	이바지할 공	기를 양		이제 금	다시 부

환	친	근		이	시		일	체	중
還	親	觀		爾	時		一	切	衆
돌아올 환	친할 친	뵐 근		그 이	때 시		한 일	모두 체	무리 중

이윽고 부처님 계신 곳에 이르러 머리를 숙이고 부처님 발에 절하며,
열 손가락을 가지런히 모아 합장한 채 게송으로써 부처님을 찬탄하였느니라.
  '부처님 용안 매우 아름다우시며 부처님 광명 시방세계를 환히 비추시거늘,
    옛날 옛적에도 제가 공양 올렸었는데 지금 환생하여 다시 친견하게 되었나이다.'

생	희	견	보	살		설	시	게	이
生	喜	見	菩	薩		說	是	偈	已
날 생	기쁠 희	볼 견	보리 보	보살 살		말씀 설	이 시	게송 게	마칠 이

이	백	불	언		세	존		세	존
而	白	佛	言		世	尊		世	尊
말이을 이	사뢸 백	부처 불	말씀 언		세상 세	높을 존		세상 세	높을 존

유	고	재	세		이	시		일	월
猶	故	在	世		爾	時		日	月
아직 유	연고 고	있을 재	세상 세		그 이	때 시		해 일	달 월

정	명	덕	불		고	일	체	중	생
淨	明	德	佛		告	一	切	衆	生
깨끗할 정	밝을 명	덕 덕	부처 불		알릴 고	한 일	모두 체	무리 중	날 생

희	견	보	살		선	남	자		아
喜	見	菩	薩		善	男	子		我
기쁠 희	볼 견	보리 보	보살 살		착할 선	사내 남	아들 자		나 아

> 그때 일체중생희견보살은 이 게송을 마치고 부처님께 사뢰기를,
> '오, 세존이시여! 세존께서 아직 세상에 계시다니…. 정말 감격스럽기 그지없습니다.'
> 그때 일월정명덕 부처님께서 일체중생희견보살에게 이르시었느니라.
> '선남자여!

열	반	시	도		멸	진	시	지
涅	槃	時	到		滅	盡	時	至
개흙 열	쟁반 반	때 시	이를 도		멸할 멸	다할 진	때 시	이를 지

여	가	안	시	상	좌		아	어	금
汝	可	安	施	床	座		我	於	今
너 여	가히 가	편안할 안	베풀 시	평상 상	자리 좌		나 아	어조사 어	이제 금

야		당	반	열	반		우	칙	일
夜		當	般	涅	槃		又	勅	一
밤 야		마땅히 당	돌 반	개흙 열	쟁반 반		또 우	신칙할 칙	한 일

체	중	생	희	견	보	살		선	남
切	衆	生	喜	見	菩	薩		善	男
모두 체	무리 중	날 생	기쁠 희	볼 견	보리 보	보살 살		착할 선	사내 남

자		아	이	불	법		촉	루	어
子		我	以	佛	法		囑	累	於
아들 자		나 아	써 이	부처 불	법 법		부탁할 촉	여러 루	어조사 어

내 열반할 때가 이르렀도다. 드디어 멸도할 때가 되었으니,
그대는 누울 자리를 좀 마련해다오. 내 오늘밤에 마땅히 열반에 들리라.'
그리고 또 일체중생희견보살에게 분부하시기를,
'선남자여! 내 그대에게 불법을 부촉하노라.

여		급	제	보	살	대	제	자
汝		及	諸	菩	薩	大	弟	子
너 여		및 급	모든 제	보리 보	보살 살	큰 대	아우 제	아들 자

병	아	뇩	다	라	삼	먁	삼	보	리
幷	阿	耨	多	羅	三	藐	三	菩	提
아우를 병	언덕 아	김맬 누(뇩)	많을 다	새그물 라	석 삼	아득할 막(먁)	석 삼	보리 보	끌 제(리)

법		역	이	삼	천	대	천		칠
法		亦	以	三	千	大	千		七
법 법		또 역	써 이	석 삼	일천 천	큰 대	일천 천		일곱 칠

보	세	계		제	보	수	보	대	
寶	世	界		諸	寶	樹	寶	臺	
보배 보	세상 세	지경 계		모든 제	보배 보	나무 수	보배 보	돈대 대	

급	급	시	제	천		실	부	어	여
及	給	侍	諸	天		悉	付	於	汝
및 급	줄 급	모실 시	모든 제	하늘 천		다 실	부탁할 부	어조사 어	너 여

그리고 모든 보살들과 큰 성문제자들, 아울러
아뇩다라삼먁삼보리법을 그대에게 맡기노라. 또한 삼천대천세계의
칠보로 된 세계들과 여러 보배나무들과 보배좌대들,
그리고 나를 시봉하던 모든 천신들까지 전부 그대에게 부탁하노라.

아	멸	도	후		소	유	사	리	
我	滅	度	後		所	有	舍	利	
나아	멸할 멸	건널 도	뒤 후		바 소	있을 유	집 사	이로울 리	

역	부	촉	여		당	령	유	포	
亦	付	囑	汝		當	令	流	布	
또 역	부탁할 부	부탁할 촉	너 여		마땅히 당	하여금 령	흐를 유	베풀 포	

광	설	공	양		응	기	약	간	천
廣	設	供	養		應	起	若	干	千
넓을 광	베풀 설	이바지할 공	기를 양		응당히 응	일어날 기	같을 약	방패 간	일천 천

탑		여	시	일	월	정	명	덕	불
塔		如	是	日	月	淨	明	德	佛
탑 탑		같을 여	이 시	해 일	달 월	깨끗할 정	밝을 명	덕 덕	부처 불

칙	일	체	중	생	희	견	보	살	이
勅	一	切	眾	生	喜	見	菩	薩	已
신칙할 칙	한 일	모두 체	무리 중	날 생	기쁠 희	볼 견	보리 보	보살 살	마칠 이

> 또한 내가 열반한 뒤에 나올 사리도 그대에게 일임하노니,
> 마땅히 널리 유포시켜 공양하되 응당 수천 기의 사리탑을 세우도록 하여라.'
> 이와 같이 일월정명덕 부처님께서는
> 일체중생희견보살에게 분부를 다 마치시고

어	야	후	분		입	어	열	반
於	夜	後	分		入	於	涅	槃
어조사 어	밤 야	뒤 후	나눌 분		들 입	어조사 어	개흙 열	쟁반 반

이	시		일	체	중	생	희	견	보
爾	時		一	切	衆	生	喜	見	菩
그 이	때 시		한 일	모두 체	무리 중	날 생	기쁠 희	볼 견	보리 보

살		견	불	멸	도		비	감	오
薩		見	佛	滅	度		悲	感	懊
보살 살		볼 견	부처 불	멸할 멸	건널 도		슬플 비	느낄 감	한할 오

뇌		연	모	어	불		즉	이	해
惱		戀	慕	於	佛		卽	以	海
괴로워할 뇌		사모할 연	그리워할 모	어조사 어	부처 불		곧 즉	써 이	바다 해

차	안	전	단	위	적		공	양	불
此	岸	栴	檀	爲	蘋		供	養	佛
이 차	언덕 안	단향목 전	단향목 단	할 위	장작 쌓을 적		이바지할 공	기를 양	부처 불

그날 밤 한밤중에 조용히 열반하셨느니라.
그때 일체중생희견보살은 부처님께서 열반하신 것을 보고
몹시 슬퍼하며 비감에 젖었느니라. 그렇지만 부처님을 깊이 사모하기에
곧 수미산 부근의 바다 이남에서 나는 귀한 전단나무로 장작더미를 쌓아

신		이	이	소	지		화	멸	이
身		而	以	燒	之		火	滅	已
몸 신		말이을 이	써 이	사를 소	어조사 지		불 화	멸할 멸	이미 이

후		수	취	사	리		작	팔	만
後		收	取	舍	利		作	八	萬
뒤 후		거둘 수	취할 취	집 사	이로울 리		지을 작	여덟 팔	일만 만

사	천	보	병		이	기	팔	만	사
四	千	寶	瓶		以	起	八	萬	四
넉 사	일천 천	보배 보	병 병		써 이	일어날 기	여덟 팔	일만 만	넉 사

천	탑		고	삼	세	계		표	찰
千	塔		高	三	世	界		表	刹
일천 천	탑 탑		높을 고	석 삼	세상 세	지경 계		겉 표	절 찰

장	엄		수	제	번	개		현	중
莊	嚴		垂	諸	幡	蓋		懸	衆
꾸밀 장	엄할 엄		드리울 수	모든 제	기 번	덮개 개		매달 현	무리 중

부처님 몸에 공양하고 다비하였느니라. 불이 꺼진 다음에는 사리를 거두어서,
팔만 사천 개의 보배병을 만들어 부처님 사리를 모셨느니라. 그리하여
팔만 사천 기의 사리탑을 세웠는데, 높이가 무려 범천의 세 하늘세계에까지 닿았느니라.
모든 사리탑마다 찰간을 높이 세워 장엄하였고, 각종 깃발과 일산들을 드리웠으며

보	령		이	시		일	체	중	생
寶	鈴		爾	時		一	切	衆	生
보배보	방울령		그이	때시		한일	모두체	무리중	날생

희	견	보	살		부	자	념	언
喜	見	菩	薩		復	自	念	言
기쁠희	볼견	보리보	보살살		다시부	스스로자	생각할념	말씀언

아	수	작	시	공	양		심	유	미
我	雖	作	是	供	養		心	猶	未
나아	비록수	지을작	이시	이바지할공	기를양		마음심	오히려유	아닐미

족		아	금	당	갱		공	양	사
足		我	今	當	更		供	養	舍
족할족		나아	이제금	마땅히당	다시갱		이바지할공	기를양	집사

리		변	어	제	보	살	대	제	자
利		便	語	諸	菩	薩	大	弟	子
이로울리		문득변	말씀어	모든제	보리보	보살살	큰대	아우제	아들자

보배풍경들을 수없이 매달았느니라. 그때 일체중생희견보살이 다시 스스로 생각하되,
'내가 비록 이렇게 공양을 하기는 했으나, 마음에 아직 흡족하지 않도다.
내 이제 마땅히 다시 사리에 공양 올려야겠다!'
이윽고 모든 보살들과 큰 성문제자들

급	천	룡	야	차	등		일	체	대
及	天	龍	夜	叉	等		一	切	大
및 급	하늘 천	용 룡	밤 야	깍지낄 차	무리 등		한 일	모두 체	큰 대

중		여	등		당	일	심	념
衆		汝	等		當	一	心	念
무리 중		너 여	무리 등		마땅히 당	한 일	마음 심	생각할 념

아	금	공	양		일	월	정	명	덕
我	今	供	養		日	月	淨	明	德
나 아	이제 금	이바지할 공	기를 양		해 일	달 월	깨끗할 정	밝을 명	덕 덕

불	사	리		작	시	어	이		즉
佛	舍	利		作	是	語	已		卽
부처 불	집 사	이로울 리		지을 작	이 시	말씀 어	마칠 이		곧 즉

어	팔	만	사	천	탑	전		연	백
於	八	萬	四	千	塔	前		然	百
어조사 어	여덟 팔	일만 만	넉 사	일천 천	탑 탑	앞 전		불사를 연	일백 백

그리고 하늘천신·용·야차 등 일체 대중들에게 말하기를,
'그대들도 마땅히 일심으로 사리에 공양할 것을 염원하십시오.
내 지금 일월정명덕 부처님의 사리에 공양하겠습니다!'
그 말을 마치자마자 부처님의 팔만 사천 사리탑 앞에서

복	장	엄	비		칠	만	이	천	세
福	莊	嚴	臂		七	萬	二	千	歲
복복	꾸밀 장	엄할 엄	팔 비		일곱 칠	일만 만	두 이	일천 천	해 세

이	이	공	양		영	무	수	구	성
而	以	供	養		令	無	數	求	聲
말이을 이	써 이	이바지할 공	기를 양		하여금 영	없을 무	셀 수	구할 구	소리 성

문	중		무	량	아	승	기	인	
聞	衆		無	量	阿	僧	祇	人	
들을 문	무리 중		없을 무	헤아릴 량	언덕 아	중 승	토지신 기	사람 인	

발	아	뇩	다	라	삼	먁	삼	보	리
發	阿	耨	多	羅	三	藐	三	菩	提
필 발	언덕 아	김맬 누(뇩)	많을 다	새그물 라	석 삼	아득할 막(먁)	석 삼	보리 보	끌 제(리)

심		개	사	득	주		현	일	체
心		皆	使	得	住		現	一	切
마음 심		다 개	하여금 사	얻을 득	머물 주		나타날 현	한 일	모두 체

백 가지 복으로 장엄된 자기 팔을 직접 태우는데,
무려 칠만 이천 년 동안이나 태워서 공양하였느니라. 그래서
성문을 구하는 무수한 대중들과 한량없는 아승기의 수많은 사람들로 하여금
아뇩다라삼먁삼보리를 구하려는 마음을 내게 하였느니라. 그뿐만 아니라 그들도 전부

색	신	삼	매		이	시		제	보
色	身	三	昧		爾	時		諸	菩
빛 색	몸 신	석 삼	어두울 매		그 이	때 시		모든 제	보리 보

살	천	인		아	수	라	등		견
薩	天	人		阿	修	羅	等		見
보살 살	하늘 천	사람 인		언덕 아	닦을 수	새그물 라	무리 등		볼 견

기	무	비		우	뇌	비	애		이
其	無	臂		憂	惱	悲	哀		而
그 기	없을 무	팔 비		근심할 우	괴로워할 뇌	슬플 비	슬플 애		말이을 이

작	시	언		차	일	체	중	생	희
作	是	言		此	一	切	衆	生	喜
지을 작	이 시	말씀 언		이 차	한 일	모두 체	무리 중	날 생	기쁠 희

견	보	살		시	아	등	사		교
見	菩	薩		是	我	等	師		教
볼 견	보리 보	보살 살		이 시	나 아	무리 등	스승 사		가르칠 교

현일체색신삼매에 머물게 하였느니라.
그때 보살들과 하늘천신·사람·아수라 등 전부가
그의 팔이 불타 없어진 것을 보고는 걱정하며 슬픔에 젖어 말하되,
'이 일체중생희견보살님은 우리들의 스승으로서

화	아	자		이	금	소	비		신
化	我	者		而	今	燒	臂		身
화할화	나아	놈자		말이을이	이제금	사를소	팔비		몸신

불	구	족		우	시		일	체	중
不	具	足		于	時		一	切	衆
아닐불	갖출구	족할족		어조사우	때시		한일	모두체	무리중

생	희	견	보	살		어	대	중	중
生	喜	見	菩	薩		於	大	衆	中
날생	기쁠희	볼견	보리보	보살살		어조사어	큰대	무리중	가운데중

입	차	서	언		아	사	양	비	
立	此	誓	言		我	捨	兩	臂	
설입	이차	맹세할서	말씀언		나아	버릴사	두양	팔비	

필	당	득	불		금	색	지	신	
必	當	得	佛		金	色	之	身	
반드시필	마땅히당	얻을득	부처불		쇠금	빛색	어조사지	몸신	

> 우리를 교화하시는 분이신데, 이제 팔을 태워서
> 불구가 되어버리셨으니 어쩌면 좋단 말인가!'
> 그러자 이때 일체중생희견보살이 대중 가운데에서 맹세하기를,
> '내가 두 팔을 버렸으나, 앞으로 반드시 부처님의 황금빛 몸을 얻을 것이니라.

약	실	불	허		영	아	양	비
若	實	不	虛		令	我	兩	臂
만약약	진실실	아닐불	빌허		하여금영	나아	두양	팔비

환	복	여	고		작	시	서	이
還	復	如	故		作	是	誓	已
돌아올환	돌아올복	같을여	옛고		지을작	이시	맹세할서	마칠이

자	연	환	복		유	사	보	살
自	然	還	復		由	斯	菩	薩
스스로자	그러할연	돌아올환	돌아올복		말미암을유	이사	보리보	보살살

복	덕	지	혜		순	후	소	치
福	德	智	慧		淳	厚	所	致
복복	덕덕	슬기지	지혜혜		순박할순	두터울후	바소	이를치

당	이	지	시		삼	천	대	천	세
當	爾	之	時		三	千	大	千	世
당할당	그이	어조사지	때시		석삼	일천천	큰대	일천천	세상세

만약 이 말이 사실이고 거짓이 아니라면 내 두 팔이 원래대로 되리라!'
이렇게 서원을 하자 없어졌던 두 팔이 저절로 회복되었느니라.
이는 보살의 복덕과 지혜가 지극히 순박하고 두터웠기 때문에 가능했던 것이니라.
그때에 삼천대천 온 세계는

계		육	종	진	동		천	우	보
界		六	種	震	動		天	雨	寶
지경 계		여섯 육	종류 종	진동할 진	움직일 동		하늘 천	비 우	보배 보

화		일	체	인	천		득	미	증
華		一	切	人	天		得	未	曾
꽃 화		한 일	모두 체	사람 인	하늘 천		얻을 득	아닐 미	일찍 증

유		불	고	수	왕	화	보	살	
有		佛	告	宿	王	華	菩	薩	
있을 유		부처 불	알릴 고	별자리 수	임금 왕	꽃 화	보리 보	보살 살	

어	여	의	운	하		일	체	중	생
於	汝	意	云	何		一	切	衆	生
어조사 어	너 여	뜻 의	이를 운	어찌 하		한 일	모두 체	무리 중	날 생

희	견	보	살		기	이	인	호
喜	見	菩	薩		豈	異	人	乎
기쁠 희	볼 견	보리 보	보살 살		어찌 기	다를 이	사람 인	어조사 호

여섯 가지로 진동하며 움직였고, 하늘에서는 아름다운 보배꽃비가 내렸느니라.
그리하여 일체 하늘나라 천신들과 사람들은 일찍이 없던 희유함을 느꼈느니라."
부처님께서 수왕화보살에게 계속 이르시었다.
"그대는 어떻게 생각하는가? 일체중생희견보살이 어찌 다른 사람이겠는가?

금	약	왕	보	살	시	야		기	소
今	藥	王	菩	薩	是	也		其	所
이제 금	약 약	임금 왕	보리 보	보살 살	이 시	어조사 야		그 기	바 소

사	신	보	시		여	시	무	량
捨	身	布	施		如	是	無	量
버릴 사	몸 신	베풀 포(보)	베풀 시		같을 여	이 시	없을 무	헤아릴 량

백	천	만	억		나	유	타	수
百	千	萬	億		那	由	他	數
일백 백	일천 천	일만 만	억 억		어찌 나	말미암을 유	다를 타	셀 수

수	왕	화		약	유	발	심		욕
宿	王	華		若	有	發	心		欲
별자리 수	임금 왕	꽃 화		만약 약	있을 유	필 발	마음 심		하고자할 욕

득	아	뇩	다	라	삼	막	삼	보	리
得	阿	耨	多	羅	三	藐	三	菩	提
얻을 득	언덕 아	김맬 누(뇩)	많을 다	새그물 라	석 삼	아득할 막(먁)	석 삼	보리 보	끌 제(리)

바로 지금 약왕보살이 그 보살이었느니라. 약왕보살은 이와 같이
한량없는 백천만억 나유타 수만큼 수차례나 자기 몸을 버려 보시하였느니라.
수왕화보살이여!
만일 어떤 이가 발심하여 아뇩다라삼먁삼보리를 얻고자 한다면,

제23 약왕보살본사품

자		능	연	수	지		내	지	족
者		能	燃	手	指		乃	至	足
놈 자		능할 능	사를 연	손 수	손가락 지		이에 내	이를 지	발 족

일	지		공	양	불	탑		승	이
一	指		供	養	佛	塔		勝	以
한 일	손가락 지		이바지할 공	기를 양	부처 불	탑 탑		수승할 승	써 이

국	성	처	자		급	삼	천	대	천
國	城	妻	子		及	三	千	大	千
나라 국	성 성	아내 처	아들 자		및 급	석 삼	일천 천	큰 대	일천 천

국	토		산	림	하	지		제	진
國	土		山	林	河	池		諸	珍
나라 국	흙 토		뫼 산	수풀 림	물 하	못 지		모든 제	보배 진

보	물		이	공	양	자		약	부
寶	物		而	供	養	者		若	復
보배 보	만물 물		말이을 이	이바지할 공	기를 양	놈 자		만약 약	다시 부

능히 손가락을 태우거나 하다못해 발가락 하나라도 태워 부처님 탑에 공양해야 하느니라.
이러한 보시는 국가나 도시 혹은 처자식
그리고 삼천대천 온 세계의 산·숲·강·연못이나
모든 진귀한 보물들로써 공양하는 것보다 훨씬 수승하니라.

유	인		이	칠	보		만	삼	천
有	人		以	七	寶		滿	三	千
있을 유	사람 인		써 이	일곱 칠	보배 보		찰 만	석 삼	일천 천

대	천	세	계		공	양	어	불
大	千	世	界		供	養	於	佛
큰 대	일천 천	세상 세	지경 계		이바지할 공	기를 양	어조사 어	부처 불

급	대	보	살		벽	지	불	아	라
及	大	菩	薩		辟	支	佛	阿	羅
및 급	큰 대	보리 보	보살 살		임금 벽	지탱할 지	부처 불	언덕 아	새그물 라

한		시	인	소	득	공	덕		불
漢		是	人	所	得	功	德		不
한수 한		이 시	사람 인	바 소	얻을 득	공 공	덕 덕		아닐 불

여	수	지		차	법	화	경		내
如	受	持		此	法	華	經		乃
같을 여	받을 수	가질 지		이 차	법 법	꽃 화	경 경		이에 내

만일 또 어떤 사람이 삼천대천 온 세계에 가득 찰 만큼 많은 칠보로써
부처님과 대보살·벽지불·아라한에게 공양하였다고 하자.
그렇더라도 그가 얻는 공덕은
이 법화경을 수지한 공덕에는 턱없이 부족하나니,

지	일	사	구	게		기	복	최	다
至	一	四	句	偈		其	福	最	多
이를 지	한 일	넉 사	글귀 구	게송 게		그 기	복 복	가장 최	많을 다

수	왕	화		비	여	일	체		천
宿	王	華		譬	如	一	切		川
별자리 수	임금 왕	꽃 화		비유할 비	같을 여	한 일	모두 체		내 천

류	강	하		제	수	지	중		해
流	江	河		諸	水	之	中		海
흐를 류	강 강	물 하		모든 제	물 수	어조사 지	가운데 중		바다 해

위	제	일		차	법	화	경		역
爲	第	一		此	法	華	經		亦
할 위	차례 제	한 일		이 차	법 법	꽃 화	경 경		또 역

부	여	시		어	제	여	래		소
復	如	是		於	諸	如	來		所
다시 부	같을 여	이 시		어조사 어	모든 제	같을 여	올 래		바 소

> 심지어 경전의 사구게 한 게송만 간직하더라도 훨씬 더 많은 공덕을 얻게 되느니라.
> 수왕화보살이여!
> 예를 들어 모든 시내와 개천과 강물 등 여러 물 가운데 바다가 제일 크듯이,
> 이 법화경도 그와 마찬가지로 모든 여래께서

설	경	중		최	위	심	대		우
說	經	中		最	爲	深	大		又
말씀 설	경 경	가운데 중		가장 최	할 위	깊을 심	큰 대		또 우

여	토	산	흑	산		소	철	위	산
如	土	山	黑	山		小	鐵	圍	山
같을 여	흙 토	뫼 산	검을 흑	뫼 산		작을 소	쇠 철	두를 위	뫼 산

대	철	위	산		급	십	보	산
大	鐵	圍	山		及	十	寶	山
큰 대	쇠 철	두를 위	뫼 산		및 급	열 십	보배 보	뫼 산

중	산	지	중		수	미	산	위	제
衆	山	之	中		須	彌	山	爲	第
무리 중	뫼 산	어조사 지	가운데 중		모름지기 수	두루찰 미	뫼 산	할 위	차례 제

일		차	법	화	경		역	부	여
一		此	法	華	經		亦	復	如
한 일		이 차	법 법	꽃 화	경 경		또 역	다시 부	같을 여

말씀하신 경전들 중에서 가장 최고로 깊고 위대하니라.
또 토산·흑산·소철위산·대철위산 그리고 열 가지 보배산 등
여러 산들 중에서 수미산이 제일 높듯이,
이 법화경도 또한 그와 같이

시		어	제	경	중		최	위	기
是		於	諸	經	中		最	爲	其
이시		어조사 어	모든 제	경 경	가운데 중		가장 최	할 위	그 기

상		우	여	중	성	지	중		월
上		又	如	衆	星	之	中		月
위 상		또 우	같을 여	무리 중	별 성	어조사 지	가운데 중		달 월

천	자		최	위	제	일		차	법
天	子		最	爲	第	一		此	法
하늘 천	아들 자		가장 최	할 위	차례 제	한 일		이 차	법 법

화	경		역	부	여	시		어	천
華	經		亦	復	如	是		於	千
꽃 화	경 경		또 역	다시 부	같을 여	이 시		어조사 어	일천 천

만	억	종		제	경	법	중		최
萬	億	種		諸	經	法	中		最
일만 만	억 억	종류 종		모든 제	경 경	법 법	가운데 중		가장 최

모든 경전들 중에서 가장 높으니라.
다시 모든 별 가운데 달이 가장 밝게 빛나듯이,
이 법화경도 그와 마찬가지로
천만억 종류의 수많은 경법 중에서

위	조	명		우	여	일	천	자
爲	照	明		又	如	日	天	子
할위	비출조	밝을명		또우	같을여	해일	하늘천	아들자

능	제	제	암		차	경		역	부
能	除	諸	闇		此	經		亦	復
능할능	제할제	모든제	어두울암		이차	경경		또역	다시부

여	시		능	파	일	체	불	선	지
如	是		能	破	一	切	不	善	之
같을여	이시		능할능	깨뜨릴파	한일	모두체	아닐불	착할선	어조사지

암		우	여	제	소	왕	중		전
闇		又	如	諸	小	王	中		轉
어두울암		또우	같을여	모든제	작을소	임금왕	가운데중		구를전

륜	성	왕		최	위	제	일		차
輪	聖	王		最	爲	第	一		此
바퀴륜	성인성	임금왕		가장최	할위	차례제	한일		이차

제일 밝게 빛나느니라.
또 태양이 능히 모든 어두움을 몰아내듯이,
이 경도 또한 그와 같이 좋지 못한 일체 어두움을 파괴할 수 있느니라.
또 모든 작은 왕들 가운데 전륜성왕이 제일 존엄스럽듯이,

경		역	부	여	시		어	중	경
經		亦	復	如	是		於	衆	經
경경		또 역	다시 부	같을 여	이 시		어조사 어	무리 중	경경

중		최	위	기	존		우	여	제
中		最	爲	其	尊		又	如	帝
가운데 중		가장 최	할 위	그 기	높을 존		또 우	같을 여	임금 제

석		어	삼	십	삼	천	중	왕
釋		於	三	十	三	天	中	王
풀 석		어조사 어	석 삼	열 십	석 삼	하늘 천	가운데 중	임금 왕

차	경		역	부	여	시		제	경
此	經		亦	復	如	是		諸	經
이 차	경경		또 역	다시 부	같을 여	이 시		모든 제	경경

중	왕		우	여	대	범	천	왕
中	王		又	如	大	梵	天	王
가운데 중	임금 왕		또 우	같을 여	큰 대	하늘 범	하늘 천	임금 왕

이 경도 그와 마찬가지로 여러 경전들 중에서 가장 존귀하니라.
또 제석천왕이 삼십삼천 가운데 왕인 것처럼,
이 경도 그와 마찬가지로 모든 경전들 가운데 왕이니라.
더욱이 대범천왕이

일	체	중	생	지	부		차	경	
一	切	衆	生	之	父		此	經	
한 일	모두 체	무리 중	날 생	어조사 지	아비 부		이 차	경 경	

역	부	여	시		일	체	현	성	학
亦	復	如	是		一	切	賢	聖	學
또 역	다시 부	같을 여	이 시		한 일	모두 체	어질 현	성인 성	배울 학

무	학		급	발	보	살	심	자	지
無	學		及	發	菩	薩	心	者	之
없을 무	배울 학		및 급	필 발	보리 보	보살 살	마음 심	놈 자	어조사 지

부		우	여	일	체	범	부	인	중
父		又	如	一	切	凡	夫	人	中
아비 부		또 우	같을 여	한 일	모두 체	무릇 범	사나이 부	사람 인	가운데 중

수	다	원	사	다	함		아	나	함
須	陀	洹	斯	陀	含		阿	那	含
모름지기 수	비탈질 타(다)	강 이름 원	이 사	비탈질 타(다)	머금을 함		언덕 아	어찌 나	머금을 함

일체 중생들의 아버지인 것처럼,
이 경도 또한 그와 같이 모든 현자들과 성자들,
곧 유학인과 무학인 그리고 보살 마음을 낸 모든 사람들의 아버지이니라.
또 일체 범부들 가운데 수다원·사다함·아나함·

아	라	한		벽	지	불	위	제	일
阿	羅	漢		辟	支	佛	爲	第	一
언덕 아	새그물 라	한수 한		임금 벽	지탱할 지	부처 불	할 위	차례 제	한 일

차	경		역	부	여	시		일	체
此	經		亦	復	如	是		一	切
이 차	경 경		또 역	다시 부	같을 여	이 시		한 일	모두 체

여	래	소	설		약	보	살	소	설
如	來	所	說		若	菩	薩	所	說
같을 여	올 래	바 소	말씀 설		만약 약	보리 보	보살 살	바 소	말씀 설

약	성	문	소	설		제	경	법	중
若	聲	聞	所	說		諸	經	法	中
만약 약	소리 성	들을 문	바 소	말씀 설		모든 제	경 경	법 법	가운데 중

최	위	제	일		유	능	수	지
最	爲	第	一		有	能	受	持
가장 최	할 위	차례 제	한 일		있을 유	능할 능	받을 수	가질 지

아라한·벽지불이 제일인 것처럼,
이 경도 그와 마찬가지로 일체 여래나 보살
혹은 성문이 설한 모든 경법들 중에서 가장 제일이니라.
따라서 이 경전을

시	경	전	자		역	부	여	시
是	經	典	者		亦	復	如	是
이 시	경 경	법 전	놈 자		또 역	다시 부	같을 여	이 시

어	일	체	중	생	중		역	위	제
於	一	切	衆	生	中		亦	爲	第
어조사 어	한 일	모두 체	무리 중	날 생	가운데중		또 역	할 위	차례 제

일		일	체	성	문	벽	지	불	중
一		一	切	聲	聞	辟	支	佛	中
한 일		한 일	모두 체	소리 성	들을 문	임금 벽	지탱할 지	부처 불	가운데중

보	살	위	제	일		차	경		역
菩	薩	爲	第	一		此	經		亦
보리 보	보살 살	할 위	차례 제	한 일		이 차	경 경		또 역

부	여	시		어	일	체	제	경	법
復	如	是		於	一	切	諸	經	法
다시 부	같을 여	이 시		어조사 어	한 일	모두 체	모든 제	경 경	법 법

받아 지니는 사람도 그와 같이 일체 중생들 중에서 제일이니라.
일체 성문과 벽지불 등 부처님 제자 가운데
보살이 제일이듯이, 이 경도 그와 마찬가지로
일체 여러 경법들 중에서

중		최	위	제	일		여	불	위
中		最	爲	第	一		如	佛	爲
가운데 중		가장 최	할 위	차례 제	한 일		같을 여	부처 불	할 위

제	법	왕		차	경		역	부	여
諸	法	王		此	經		亦	復	如
모든 제	법 법	임금 왕		이 차	경 경		또 역	다시 부	같을 여

시		제	경	중	왕		수	왕	화
是		諸	經	中	王		宿	王	華
이 시		모든 제	경 경	가운데 중	임금 왕		별자리 수	임금 왕	꽃 화

차	경		능	구	일	체	중	생	자
此	經		能	救	一	切	衆	生	者
이 차	경 경		능할 능	건질 구	한 일	모두 체	무리 중	날 생	놈 자

차	경		능	령	일	체	중	생	
此	經		能	令	一	切	衆	生	
이 차	경 경		능할 능	하여금 령	한 일	모두 체	무리 중	날 생	

가장 제일이니라. 다시 말해 부처님께서 모든 법의 왕인 것처럼,
이 경도 또한 그와 같이 모든 경전들 중에서 왕이니라.
수왕화보살이여!
이 법화경은 능히 일체 중생들을 구원할 수 있으며, 일체 중생들로 하여금

이	제	고	뇌		차	경		능	대
離	諸	苦	惱		此	經		能	大
떠날 이	모든 제	괴로울 고	괴로워할 뇌		이 차	경 경		능할 능	큰 대

요	익		일	체	중	생		충	만
饒	益		一	切	衆	生		充	滿
넉넉할 요	더할 익		한 일	모두 체	무리 중	날 생		찰 충	찰 만

기	원		여	청	량	지		능	만
其	願		如	清	涼	池		能	滿
그 기	원할 원		같을 여	맑을 청	서늘할 량	못 지		능할 능	찰 만

일	체	제	갈	핍	자		여	한	자
一	切	諸	渴	乏	者		如	寒	者
한 일	모두 체	모든 제	목마를 갈	모자랄 핍	놈 자		같을 여	찰 한	놈 자

득	화		여	나	자	득	의		여
得	火		如	裸	者	得	衣		如
얻을 득	불 화		같을 여	벌거숭이 나	놈 자	얻을 득	옷 의		같을 여

모든 괴로움을 벗어나게 할 수 있느니라.
이 경은 능히 일체 중생들을 크게 이익되게 하고 그 소원을 만족시켜 주나니,
마치 맑고 시원한 못이 목마른 자들을 모두 충족시켜 주는 것과 같으니라.
또 추위에 떠는 자가 따뜻한 불을 얻은 경우와 같고, 벌거벗은 자가 옷을 얻은 것과도 같으니라.

상	인	득	주		여	자	득	모
商	人	得	主		如	子	得	母
장사 상	사람 인	얻을 득	주인 주		같을 여	아들 자	얻을 득	어미 모

여	도	득	선		여	병	득	의
如	渡	得	船		如	病	得	醫
같을 여	물건널 도	얻을 득	배 선		같을 여	병들 병	얻을 득	의원 의

여	암	득	등		여	빈	득	보
如	暗	得	燈		如	貧	得	寶
같을 여	어두울 암	얻을 득	등잔 등		같을 여	가난할 빈	얻을 득	보배 보

여	민	득	왕		여	고	객	득	해
如	民	得	王		如	賈	客	得	海
같을 여	백성 민	얻을 득	임금 왕		같을 여	장사 고	손 객	얻을 득	바다 해

여	거	제	암		차	법	화	경
如	炬	除	暗		此	法	華	經
같을 여	횃불 거	제할 제	어두울 암		이 차	법 법	꽃 화	경 경

장사하는 사람이 물주를 얻은 것과 같을 뿐더러, 어린아이가 어머니를 찾은 것과도 매한가지니라.
또 강물을 건너려는데 배를 얻은 것과 같고, 병자가 의원을 만난 것과 같으며, 어둠 속에서 등불을 찾은 것과도 다름없느니라. 뿐만 아니라 가난한 이가 보배를 발견한 경우와 같고, 백성이 훌륭한 지도자를 만난 것과 마찬가지이며, 무역하는 상인이 바다를 만난 것과 같고, 횃불이 어둠을 없애는 것과 진배없느니라. 이 법화경도

역	부	여	시		능	령	중	생
亦	復	如	是		能	令	衆	生
또 역	다시 부	같을 여	이 시		능할 능	하여금 령	무리 중	날 생

이	일	체	고		일	체	병	통
離	一	切	苦		一	切	病	痛
떠날 이	한 일	모두 체	괴로울 고		한 일	모두 체	병들 병	아플 통

능	해	일	체	생	사	지	박	약
能	解	一	切	生	死	之	縛	若
능할 능	풀 해	한 일	모두 체	날 생	죽을 사	어조사 지	묶을 박	만약 약

인	득	문		차	법	화	경	약
人	得	聞		此	法	華	經	若
사람 인	얻을 득	들을 문		이 차	법 법	꽃 화	경 경	만약 약

자	서		약	사	인	서	소	득
自	書		若	使	人	書	所	得
스스로 자	쓸 서		만약 약	하여금 사	사람 인	쓸 서	바 소	얻을 득

그와 마찬가지로, 능히 중생들로 하여금 온갖 괴로움과
모든 질병들을 낫게 하고 일체 생사의 속박에서 벗어나게 하느니라.
그리하여 만약 어떤 사람이 이 법화경을 듣고
직접 쓰거나 남을 시켜서 쓰게 한다면, 그가 얻는

공	덕		이	불	지	혜		주	량
功	德		以	佛	智	慧		籌	量
공공	덕덕		써 이	부처 불	슬기 지	지혜 혜		셀 주	헤아릴 량

다	소		부	득	기	변		약	서
多	少		不	得	其	邊		若	書
많을 다	적을 소		아닐 부	얻을 득	그 기	가 변		만약 약	쓸 서

시	경	권		화	향	영	락		소
是	經	卷		華	香	瓔	珞		燒
이 시	경 경	책 권		꽃 화	향기 향	구슬목걸이 영	구슬목걸이 락		사를 소

향	말	향	도	향		번	개	의	복
香	抹	香	塗	香		幡	蓋	衣	服
향기 향	가루 말	향기 향	바를 도	향기 향		기 번	덮개 개	옷 의	옷 복

종	종	지	등		소	등	유	등	
種	種	之	燈		酥	燈	油	燈	
종류 종	종류 종	어조사 지	등잔 등		연유 소	등잔 등	기름 유	등잔 등	

> 공덕은 부처님의 지혜로 수량을 헤아리더라도 그 끝을
> 알 수 없을 정도로 많으니라. 더욱이 이 경을 쓰고는
> 꽃과 향·영락·사르는 향·가루향·바르는 향·
> 깃발·일산·의복, 그리고 각종 등불인 소등·유등과

제	향	유	등		첨	복	유	등
諸	香	油	燈		瞻	蔔	油	燈
모든 제	향기 향	기름 유	등잔 등		볼 첨	무 복	기름 유	등잔 등

수	만	나	유	등	바	라	라	유
須	曼	那	油	燈	波	羅	羅	油
모름지기 수	아름다울 만	어찌 나	기름 유	등잔 등	물결 파(바)	새그물 라	새그물 라	기름 유

등		바	리	사	가	유	등	나
燈		婆	利	師	迦	油	燈	那
등잔 등		할미 파(바)	이로울 리	스승 사	막을 가	기름 유	등잔 등	어찌 나

바	마	리	유	등	공	양		소	득
婆	摩	利	油	燈	供	養		所	得
할미 파(바)	갈 마	이로울 리	기름 유	등잔 등	이바지할 공	기를 양		바 소	얻을 득

공	덕		역	부	무	량		수	왕
功	德		亦	復	無	量		宿	王
공 공	덕 덕		또 역	다시 부	없을 무	헤아릴 량		별자리 수	임금 왕

여러 향유등에 속하는 첨복유등·수만나유등·
바라라유등·바리사가유등·나바마리유등의
온갖 등불들로 공양한다면 얻게 되는 공덕이
또한 이루 헤아릴 수 없이 많으리라.

화		약	유	인		문	시	약	왕
華		若	有	人		聞	是	藥	王
꽃 화		만약 약	있을 유	사람 인		들을 문	이 시	약 약	임금 왕

보	살	본	사	품	자		역	득	무
菩	薩	本	事	品	者		亦	得	無
보리 보	보살 살	근본 본	일 사	가지 품	놈 자		또 역	얻을 득	없을 무

량	무	변	공	덕		약	유	여	인
量	無	邊	功	德		若	有	女	人
헤아릴 량	없을 무	가 변	공 공	덕 덕		만약 약	있을 유	여자 여	사람 인

문	시	약	왕	보	살	본	사	품	
聞	是	藥	王	菩	薩	本	事	品	
들을 문	이 시	약 약	임금 왕	보리 보	보살 살	근본 본	일 사	가지 품	

능	수	지	자		진	시	여	신	
能	受	持	者		盡	是	女	身	
능할 능	받을 수	가질 지	놈 자		다할 진	이 시	여자 여	몸 신	

수왕화보살이여, 만약 누군가 이 〈약왕보살본사품〉을 듣는다면
그 또한 한량없고 끝없는 공덕을 얻으리라.
만약 어떤 여인이 〈약왕보살본사품〉을 듣고 능히 받아 지닌다면,
여자 몸을 마친 뒤에

후	불	부	수		약	여	래	멸	후
後	不	復	受		若	如	來	滅	後
뒤 후	아닐 불	다시 부	받을 수		만약 약	같을 여	올 래	멸할 멸	뒤 후

후	오	백	세	중		약	유	여	인
後	五	百	歲	中		若	有	女	人
뒤 후	다섯 오	일백 백	해 세	가운데 중		만약 약	있을 유	여자 여	사람 인

문	시	경	전		여	설	수	행
聞	是	經	典		如	說	修	行
들을 문	이 시	경 경	법 전		같을 여	말씀 설	닦을 수	행할 행

어	차	명	종		즉	왕	안	락	세
於	此	命	終		卽	往	安	樂	世
어조사 어	이 차	목숨 명	마칠 종		곧 즉	갈 왕	편안할 안	즐길 락	세상 세

계		아	미	타	불		대	보	살
界		阿	彌	陀	佛		大	菩	薩
지경 계		언덕 아	두루찰 미	비탈질 타	부처 불		큰 대	보리 보	보살 살

다시는 여자로 태어나지 않으리라. 만약 여래가 열반에 들고 나서 마지막 오백 년의
말법 세상 중에 어떤 여인이든 이 경전을 듣고 경의 말씀대로 수행한다면,
여기 이 세상에서 목숨을 마친 다음에는 곧 안락세계에 가서 태어나리라.
그 세계는 아미타 부처님께서 대보살들에게

중		위	요	주	처		생	연	화
眾		圍	繞	住	處		生	蓮	華
무리 중		두를 위	두를 요	머물 주	곳 처		날 생	연꽃 연	꽃 화

중		보	좌	지	상		불	부	위
中		寶	座	之	上		不	復	爲
가운데 중		보배 보	자리 좌	어조사 지	위 상		아닐 불	다시 부	할 위

탐	욕	소	뇌			역	부	불	위
貪	欲	所	惱			亦	復	不	爲
탐할 탐	욕심 욕	바 소	괴로워할 뇌			또 역	다시 부	아닐 불	할 위

진	에	우	치	소	뇌		역	부	불
瞋	恚	愚	癡	所	惱		亦	復	不
성낼 진	성낼 에	어리석을 우	어리석을 치	바 소	괴로워할 뇌		또 역	다시 부	아닐 불

위		교	만	질	투		제	구	소
爲		憍	慢	嫉	妒		諸	垢	所
할 위		교만할 교	거만할 만	투기할 질	투기할 투		모든 제	때 구	바 소

빙 둘러싸여 계신 곳으로, 그 여인은 연꽃 속의 보배자리 위에 다소곳이 태어나리라.
그리하여 더 이상 탐욕으로 인해 괴로움을 당하거나,
성냄과 어리석음으로 몸부림치며 아파하는 일이 없으리라.
뿐만 아니라 다시는 교만과 질투 등 여러 번뇌들에 의해 상처 입지 않으리라.

뇌		득	보	살	신	통		무	생
惱		得	菩	薩	神	通		無	生
괴로워할뇌		얻을득	보리보	보살살	신통할신	통할통		없을무	날생

법	인		득	시	인	이		안	근
法	忍		得	是	忍	已		眼	根
법법	참을인		얻을득	이시	참을인	마칠이		눈안	뿌리근

청	정		이	시	청	정	안	근
清	淨		以	是	清	淨	眼	根
맑을청	깨끗할정		써이	이시	맑을청	깨끗할정	눈안	뿌리근

견	칠	백	만	이	천	억		나	유
見	七	百	萬	二	千	億		那	由
볼견	일곱칠	일백백	일만만	두이	일천천	억억		어찌나	말미암을유

타		항	하	사	등		제	불	여
他		恒	河	沙	等		諸	佛	如
다를타		항상항	물하	모래사	같을등		모든제	부처불	같을여

도리어 극락세계에 태어나자마자 보살의 신통력을 얻고
무생법인을 체득하게 되리라. 이 진리를 깨닫고 나면 눈이 청정해지니,
청정해진 눈으로써 칠백만이천억 나유타 항하의 모래알처럼
무수히 많은 부처님 여래를 친견하리라.

래		시	시	제	불		요	공	찬
來		是	時	諸	佛		遙	共	讚
올래		이시	때시	모든 제	부처 불		멀 요	함께 공	칭찬할 찬

언		선	재	선	재		선	남	자
言		善	哉	善	哉		善	男	子
말씀 언		착할 선	어조사 재	착할 선	어조사 재		착할 선	사내 남	아들 자

여	능	어	석	가	모	니	불	법
汝	能	於	釋	迦	牟	尼	佛	法
너 여	능할 능	어조사 어	풀 석	막을 가	소우는소리모	여승 니	부처 불	법 법

중		수	지	독	송		사	유	시
中		受	持	讀	誦		思	惟	是
가운데 중		받을 수	가질 지	읽을 독	외울 송		생각할 사	생각할 유	이시

경		위	타	인	설		소	득	복
經		爲	他	人	說		所	得	福
경 경		위할 위	다를 타	사람 인	말씀 설		바 소	얻을 득	복 복

그 순간 저 멀리 모든 부처님들께서 일제히 그를 칭찬하여 말씀하시니,
'착하고 착하도다, 선남자여!
그대가 석가모니 부처님 법 가운데에서 법화경을 수지하여
읽고 외우며 깊이 생각해서 남을 위해 설명해주고 얻은 복덕은

덕		무	량	무	변		화	불	능
德		無	量	無	邊		火	不	能
덕 덕		없을 무	헤아릴 량	없을 무	가 변		불 화	아닐 불	능할 능

소		수	불	능	표		여	지	공
燒		水	不	能	漂		汝	之	功
사를 소		물 수	아닐 불	능할 능	떠내려갈 표		너 여	어조사 지	공 공

덕		천	불	공	설		불	능	영
德		千	佛	共	說		不	能	令
덕 덕		일천 천	부처 불	함께 공	말씀 설		아닐 불	능할 능	하여금 영

진		여	금	이	능		파	제	마
盡		汝	今	已	能		破	諸	魔
다할 진		너 여	이제 금	이미 이	능할 능		깨뜨릴 파	모든 제	마귀 마

적		괴	생	사	군		제	여	원
賊		壞	生	死	軍		諸	餘	怨
도둑 적		무너뜨릴 괴	날 생	죽을 사	군사 군		모든 제	남을 여	원수 원

한량없고 끝이 없어서, 불로도 태울 수 없고 물로도 쓸어버릴 수 없느니라.
그대의 공덕은 천 분의 부처님들께서 모두 함께 말씀하신다 해도
능히 다 말씀하실 수 없을 정도니라. 지금 그대는 이미 모든 마군들을 물리친 것이며
생사번뇌의 군대를 모조리 근절시킨 것이고, 그 밖의 다른 원수와

적		개	실	최	멸		선	남	자
敵		皆	悉	摧	滅		善	男	子
원수 적		다 개	다 실	꺾을 최	멸할 멸		착할 선	사내 남	아들 자

백	천	제	불		이	신	통	력
百	千	諸	佛		以	神	通	力
일백 백	일천 천	모든 제	부처 불		써 이	신통할 신	통할 통	힘 력

공	수	호	여		어	일	체	세	간
共	守	護	汝		於	一	切	世	間
함께 공	지킬 수	보호할 호	너 여		어조사 어	한 일	모두 체	세상 세	사이 간

천	인	지	중		무	여	여	자
天	人	之	中		無	如	汝	者
하늘 천	사람 인	어조사 지	가운데 중		없을 무	같을 여	너 여	놈 자

유	제	여	래		기	제	성	문
唯	除	如	來		其	諸	聲	聞
오직 유	제할 제	같을 여	올 래		그 기	모든 제	소리 성	들을 문

적군들마저 남김없이 전멸시킨 셈이니라.
선남자여! 백천 분의 부처님들께서 모두 신통력으로 일제히 그대를 수호하시리니,
일체 세간의 하늘천신과 사람 가운데에서 어느 누구도 그대와 견줄 만한 자가 없으리라.
오직 여래를 제외하고는, 모든 성문과

벽	지	불		내	지	보	살		지
辟	支	佛		乃	至	菩	薩		智
임금 벽	지탱할 지	부처 불		이에 내	이를 지	보리 보	보살 살		슬기 지

혜	선	정		무	유	여	여	등	자
慧	禪	定		無	有	與	汝	等	者
지혜 혜	고요할 선	선정 정		없을 무	있을 유	더불어 여	너 여	같을 등	놈 자

수	왕	화		차	보	살		성	취
宿	王	華		此	菩	薩		成	就
별자리 수	임금 왕	꽃 화		이 차	보리 보	보살 살		이룰 성	이룰 취

여	시	공	덕		지	혜	지	력
如	是	功	德		智	慧	之	力
같을 여	이 시	공 공	덕 덕		슬기 지	지혜 혜	어조사 지	힘 력

약	유	인		문	시	약	왕	보	살
若	有	人		聞	是	藥	王	菩	薩
만약 약	있을 유	사람 인		들을 문	이 시	약 약	임금 왕	보리 보	보살 살

벽지불 심지어 보살의 지혜와 선정으로도 그대와 견줄 만한 이는 아무도 없으리라.'
수왕화보살이여,
이 경전 말씀대로 수행하는 보살은 이와 같은 공덕과 지혜의 힘을 성취하게 되느니라.
만약 누군가 이 〈약왕보살본사품〉을 듣고

본	사	품		능	수	희	찬	선	자
本	事	品		能	隨	喜	讚	善	者
근본 본	일 사	가지 품		능할 능	따를 수	기쁠 희	칭찬할 찬	착할 선	놈 자

시	인		현	세	구	중		상	출
是	人		現	世	口	中		常	出
이 시	사람 인		지금 현	세상 세	입 구	가운데 중		항상 상	날 출

청	련	화	향		신	모	공	중
青	蓮	華	香		身	毛	孔	中
푸를 청	연꽃 련	꽃 화	향기 향		몸 신	털 모	구멍 공	가운데 중

상	출	우	두	전	단	지	향		소
常	出	牛	頭	栴	檀	之	香		所
항상 상	날 출	소 우	머리 두	단향목 전	단향목 단	어조사 지	향기 향		바 소

득	공	덕		여	상	소	설		시
得	功	德		如	上	所	說		是
얻을 득	공 공	덕 덕		같을 여	위 상	바 소	말씀 설		이 시

> 능히 따라 기뻐하며 찬탄한다면, 그 사람은 현세에서부터
> 당장 입에서는 항상 청련화의 맑은 향기가 나오게 되리라.
> 그리고 몸의 털구멍에서는 늘 우두전단의 그윽한 향내가 풍겨나오리니,
> 그의 공덕은 방금 위에서 말한 대로 한량없으리라.

고		수	왕	화		이	차	약	왕
故		宿	王	華		以	此	藥	王
연고 고		별자리 수	임금 왕	꽃 화		써 이	이 차	약 약	임금 왕
보	살	본	사	품		촉	루	어	여
菩	薩	本	事	品		囑	累	於	汝
보리 보	보살 살	근본 본	일 사	가지 품		부탁할 촉	여러 루	어조사 어	너 여
아	멸	도	후			후	오	백	세	중
我	滅	度	後			後	五	百	歲	中
나 아	멸할 멸	건널 도	뒤 후			뒤 후	다섯 오	일백 백	해 세	가운데 중
광	선	유	포		어	염	부	제
廣	宣	流	布		於	閻	浮	提
넓을 광	베풀 선	흐를 유	베풀 포		어조사 어	마을 염	뜰 부	끌 제
무	령	단	절		악	마	마	민
無	令	斷	絕		惡	魔	魔	民
없을 무	하여금 령	끊을 단	끊을 절		악할 악	마귀 마	마귀 마	백성 민

그러므로 수왕화보살이여! 이 〈약왕보살본사품〉을 그대에게 부촉하노니,
내 열반한 뒤 마지막 오백 년의 말법 세상 동안에도
널리 사바세계에 유포시켜 소실되지 않도록 하여라.
그리하여 악마와 그의 권속들·

제	천	룡	야	차		구	반	다	등
諸	天	龍	夜	叉		鳩	槃	茶	等
모든 제	하늘 천	용 룡	밤 야	깍지낄 차		비둘기 구	쟁반 반	차 다	무리 등

득	기	편	야		수	왕	화		여
得	其	便	也		宿	王	華		汝
얻을 득	그 기	편할 편	어조사 야		별자리 수	임금 왕	꽃 화		너 여

당	이	신	통	지	력		수	호	시
當	以	神	通	之	力		守	護	是
마땅히 당	써 이	신통할 신	통할 통	어조사 지	힘 력		지킬 수	보호할 호	이 시

경		소	이	자	하		차	경	
經		所	以	者	何		此	經	
경 경		바 소	써 이	놈 자	어찌 하		이 차	경 경	

즉	위	염	부	제	인		병	지	양
則	爲	閻	浮	提	人		病	之	良
곧 즉	할 위	마을 염	뜰 부	끌 제	사람 인		병들 병	어조사 지	좋을 양

여러 하늘천신·용·야차·구반다귀신 따위들이 감히 틈을 타지 못하게 하여라.
수왕화보살이여,
그대는 마땅히 신통력으로써 이 경을 수호해야 하느니라.
왜냐하면 이 경은 사바세계 사람들의 병에 좋은 약이 되기 때문이니라.

약		약	인	유	병		득	문	시
藥		若	人	有	病		得	聞	是
약약		만약약	사람인	있을유	병들병		얻을득	들을문	이시

경		병	즉	소	멸		불	로	불
經		病	卽	消	滅		不	老	不
경경		병들병	곧즉	사라질소	멸할멸		아닐불	늙을로	아닐불

사		수	왕	화			여	약	견	유
死		宿	王	華			汝	若	見	有
죽을사		별자리수	임금왕	꽃화			너여	만약약	볼견	있을유

수	지	시	경	자			응	이	청	련
受	持	是	經	者			應	以	靑	蓮
받을수	가질지	이시	경경	놈자			응당히응	써이	푸를청	연꽃련

화		성	만	말	향		공	산	기
花		盛	滿	抹	香		供	散	其
꽃화		담을성	찰만	가루말	향기향		이바지할공	흩을산	그기

만일 어떤 사람이 병에 걸렸다가도 이 경을 듣게 되면,
병이 곧 사라질 뿐만 아니라 늙지도 않고 죽지도 않으리라.
수왕화보살이여! 그대가 만약 이 경을 수지하는 사람을 보거든,
마땅히 청련화에 고운 향가루를 가득 채워서 그 사람 머리 위에다 뿌리며 공양하도록 하여라.

상		산	이		작	시	념	언
上		散	已		作	是	念	言
위 상		흩을 산	마칠 이		지을 작	이 시	생각 념	말씀 언

차	인	불	구		필	당	취	초
此	人	不	久		必	當	取	草
이 차	사람 인	아닐 불	오랠 구		반드시 필	마땅히 당	취할 취	풀 초

좌	어	도	량		파	제	마	군
坐	於	道	場		破	諸	魔	軍
앉을 좌	어조사 어	길 도	마당 장(량)		깨뜨릴 파	모든 제	마귀 마	군사 군

당	취	법	라		격	대	법	고
當	吹	法	螺		擊	大	法	鼓
마땅히 당	불 취	법 법	소라 라		칠 격	큰 대	법 법	북 고

도	탈	일	체	중	생		노	병	사
度	脫	一	切	眾	生		老	病	死
건널 도	벗을 탈	한 일	모두 체	무리 중	날 생		늙을 노	병들 병	죽을 사

> 그리고 다 뿌린 다음에는 속으로 이렇게 생각하여라.
> '이 사람은 머지않아 반드시 풀을 깔고 도량에 앉아 모든 마군들을 조복하리라.
> 그리고는 마땅히 법소라를 불며 큰 법고를 쳐서,
> 모든 중생들을 생로병사의 깊은 바다로부터 건져내리라.'

해		시	고		구	불	도	자	
海		是	故		求	佛	道	者	
바다 해		이 시	연고 고		구할 구	부처 불	길 도	놈 자	

견	유	수	지	시	경	전	인		응
見	有	受	持	是	經	典	人		應
볼 견	있을 유	받을 수	가질 지	이 시	경 경	법 전	사람 인		응당히 응

당	여	시		생	공	경	심		설
當	如	是		生	恭	敬	心		說
마땅히 당	같을 여	이 시		날 생	공손할 공	공경할 경	마음 심		말씀 설

시	약	왕	보	살	본	사	품	시	
是	藥	王	菩	薩	本	事	品	時	
이 시	약 약	임금 왕	보리 보	보살 살	근본 본	일 사	가지 품	때 시	

팔	만	사	천	보	살		득	해	일
八	萬	四	千	菩	薩		得	解	一
여덟 팔	일만 만	넉 사	일천 천	보리 보	보살 살		얻을 득	풀 해	한 일

따라서 불도를 구하는 자는 법화경 수지하는 사람을 보게 되면
응당 이와 같이 공경하는 마음을 내어야 하느니라."
부처님께서 이 〈약왕보살본사품〉을 설하셨을 때에
팔만사천 보살들이

체	중	생	어	언	다	라	니		다
切	衆	生	語	言	陀	羅	尼		多
모두 체	무리 중	날 생	말씀 어	말씀 언	비탈질 타(다)	새그물 라	여승 니		많을 다

보	여	래		어	보	탑	중		찬
寶	如	來		於	寶	塔	中		讚
보배 보	같을 여	올 래		어조사 어	보배 보	탑 탑	가운데 중		칭찬할 찬

수	왕	화	보	살	언		선	재	선
宿	王	華	菩	薩	言		善	哉	善
별자리 수	임금 왕	꽃 화	보리 보	보살 살	말씀 언		착할 선	어조사 재	착할 선

재		수	왕	화		여	성	취	
哉		宿	王	華		汝	成	就	
어조사 재		별자리 수	임금 왕	꽃 화		너 여	이룰 성	이룰 취	

불	가	사	의	공	덕		내	능	문
不	可	思	議	功	德		乃	能	問
아닐 불	가히 가	생각할 사	의논할 의	공 공	덕 덕		이에 내	능할 능	물을 문

해일체중생어언다라니를 얻었다.
다보여래께서도 보배탑 속에서 수왕화보살을 칭찬하셨다.
"장하고 장하도다, 수왕화보살이여!
그대는 불가사의한 큰 공덕을 성취하였도다.

석	가	모	니	불		여	차	지	사
釋	迦	牟	尼	佛		如	此	之	事
풀 석	막을 가	소우는소리 모	여승 니	부처 불		같을 여	이 차	어조사 지	일 사

이	익	무	량		일	체	중	생
利	益	無	量		一	切	衆	生
이로울 이	더할 익	없을 무	헤아릴 량		한 일	모두 체	무리 중	날 생

이렇게 큰 일을 석가모니 부처님께 여쭈어서,
한량없는 일체 중생들을 이롭게 하였으니 참으로 기특하도다!"

혜조惠照 스님

공주사대 독어과 졸업 후 출가.

봉녕사 강원 졸업.

동국대학교 대학원 박사과정 수료.

대한불교조계종 총무원 문화국장 역임.

저서 및 논문으로 『우리말 법화삼부경』, 『우리말 법화경 사경』(전5권), 『행복을 부르는 법화경 사경』(전7권), 『운명을 바꾸는 법화경 사경』(전7권), 『독송용 우리말 법화경』, 『너를 위해 밝혀둔 작은 램프 하나』(시집), 『엉겅퀴 붉은 향』(시집), 「연기법에 의한 공사상과 중도론 연구」(논문) 등이 있다.

행복을 부르는 법화경 사경 6

발행일 2024년 7월 15일

옮긴이 혜조 | 펴낸이 김시열

펴낸곳 도서출판 운주사

(02832) 서울시 성북구 동소문로 67-1 성심빌딩 3층

전화 (02) 926-8361 | 팩스 (0505) 115-8361

ISBN 978-89-5746-793-0 03220   값 10,000원

http://cafe.daum.net/unjubooks (다음 카페: 도서출판 운주사)